SHOUKEI MATSUMOTO

Die Kunst des achtsamen Putzens

GOLDMANN

Shoukei Matsumoto

Die Kunst des achtsamen Putzens

Wie wir Haus und Seele reinigen

Aus dem Japanischen von
Wolfgang Höhn und Mariko Sakai

GOLDMANN

Die japanische Originalausgabe erschien 2012 unter dem Titel »Obôsan ga oshieru kokoro ga totonou sôji no hon« bei Discover 21, Inc., Tokyo.

FSC
www.fsc.org
MIX
Papier | Fördert gute Waldnutzung
FSC® C004378

Penguin Random House Verlagsgruppe FSC® N001967

7. Auflage
Neuausgabe Dezember 2019

in der Penguin Random House Verlagsgruppe GmbH,
Neumarkter Straße 28, 81673 München
produktsicherheit@penguinrandomhouse.de
(Vorstehende Angaben sind zugleich Pflichtinformationen nach GPSR.)

Original Japanese edition published by Discover 21, Inc., Tokyo, Japan.
German edition published by arrangement with Discover 21, Inc.
Umschlaggestaltung: UNO Werbeagentur, München
Umschlagmotiv: GettyImages/ TongRo Images Inc.
Illustrationen: Kikue Tamura
Lektorat: Mareike Fallwickl, Salzburg
JG · Herstellung: cf
Satz und Layout: Satzwerk Huber, Germering
Druck: PB Tisk, a.s., Pribram
Printed in the Czech Republic
ISBN 978-3-442-22295-7

www.goldmann-verlag.de

INHALT

ANLEITUNG ZUM SAUBERMACHEN

DIE VORBEREITUNG

KAPITEL 1
SAUBERKEIT UND HYGIENE AN ORTEN DES WASSERS UND DER KÖRPERPFLEGE

KAPITEL 2
DIE REINIGUNG DER ZIMMER

KAPITEL 3
PUTZEN AUSSERHALB DES HAUSES

KAPITEL 4
GEIST UND KÖRPER REINIGEN

WENN MAN MIT DEM PUTZEN FERTIG IST

VORWORT

Ich bin buddhistischer Priester des Honganji-Zweigs der Jôdoshinshû-Schule[1] im Tempel Kômyôji im Zentrum von Tôkyô. Im Jahr 2003 habe ich hier angeklopft und ein neues Zuhause gefunden.

Der Tag eines buddhistischen Priesters beginnt mit Saubermachen. Wir fegen und säubern den Tempelbereich, den Garten und die Haupthalle. Das tun wir nicht, weil es dort schmutzig und unordentlich wäre, sondern um die Wolken des Geistes zu entfernen. Wer einen Tempel besucht, empfindet eine angenehme und friedvolle Anspannung. Im gut gepflegten Tempelgarten liegt kein einziges Blatt auf dem Boden. Setzt man sich in die Haupthalle, richtet sich die Wirbelsäule von allein auf. Das lässt den Geist an jedem Tag zur Ruhe kommen.

Wir entfernen den Schmutz, um den Geist von weltlichen Sorgen zu reinigen. Wir putzen den Dreck weg, um uns von Verhaftungen zu lösen. Die Zeit, die ich für das gründliche Putzen bis in den letzten Winkel benötige, ist zutiefst bereichernd. Das Ziel ist, ein einfaches Leben zu führen, Zeit zu haben, sich selbst zu betrachten. Und auf diese Weise jeden Augenblick achtsam zu leben. Das gilt nicht nur für uns Priester und Mönche[2], sondern ist sicher auch für alle viel beschäftigten Menschen von heute wichtig.

Das Menschenleben ist ein tägliches Arbeiten an sich selbst. Jede einzelne unserer Taten prägt unmittelbar unser Wesen. Wenn wir Unrecht tun, beschmutzen wir unseren Geist, und wenn wir uns bemühen, richtig zu leben, wird unser Geist allmählich rein. Wenn der Geist rein wird, leuchtet die Welt, die wir sehen. Wenn die Welt leuchtet, werden die Menschen freundlicher.

Was das Putzen der Mönche betrifft, so ist die Zen-Schule dafür besonders berühmt. Generell wird im japanischen Buddhismus viel Wert auf das Saubermachen zur Reinigung des Geistes gelegt. In diesem Buch möchte ich Ihnen die alltägliche Praxis des Putzens vorstellen, wie sie gewöhnlich im Tempel gepflegt wird, und mit Einblicken in die Schulung der Mönche ergänzen.

Was die Praxis der Zen-Schule angeht, so werde ich zusammenfassen, was ich von zwei Mönchen der Sôtô-Schule erfahren habe: von Shôyô Yoshimura, der als Mönchskoch für buddhistisch-vegetarische Küche tätig ist, und von Seigaku, der sich in Berlin für die Verbreitung des Zen einsetzt.

Nach der Lektüre dieses Buchs können auch Sie die Reinigungsmethoden eines buddhistischen Priesters praktizieren. Das ist nicht schwierig. Wenn Sie sich entschließen, im Alltagsleben den Geist zu reinigen, wird sich Ihre tägliche Hausarbeit auf der Stelle in eine »Methode der Geistesreinigung« verwandeln. Und dadurch reinigen Sie nicht nur den eigenen Geist, sondern auch den Geist der Menschen um Sie herum.

Es würde mich freuen, wenn alle Leser das tägliche Saubermachen zum Anlass nähmen, ihr eigenes Ich zu erforschen.

Shoukei Matsumoto,
Priester des Kômyôji,
im November 2011

ANLEITUNG ZUM SAUBERMACHEN

Was Putzen bedeutet

In Japan ist Putzen nicht einfach nur körperliche Arbeit. Es geht seit jeher darüber hinaus. Saubermachen bedeutet nicht bloß »Schmutz entfernen«, sondern hat etwas mit der »Reinigung des Geistes« zu tun. Hier ist es selbstverständlich, dass alle Grund- und Mittelschüler sich an der Reinigung der Schule beteiligen. Soweit ich weiß, gibt es so etwas in anderen Ländern nicht.

Bei einem Tempelbesuch fällt auf, wie sauber und ordentlich es im Tempelbereich aussieht. Einerseits möchte man den Besuchern natürlich einen schönen Empfang bereiten, andererseits stellt das Saubermachen an sich für die im Tempel lebenden und praktizierenden Mönche einen wichtigen Teil ihrer buddhistischen Praxis dar. Überall ist alles schön geputzt und ordentlich aufgeräumt. Als ich zur Priesterausbildung in einem Tempel in Kyôto war, wurde ich einmal von dem älteren Mitbruder, der mit der Ausbildung betraut war, streng ermahnt. Ich hatte die Kleidung nicht nach Vorschrift gefaltet und gestapelt.

Wenn Sie die Gelegenheit haben, sollten Sie einmal den Mönchen beim Putzen der Tempelanlage zuschauen. Sie werden sehen, wie eifrig jeder Mönch in seiner Arbeitskleidung (samue) auf seinem Posten arbeitet. Dabei dürften alle einen lebhaften, positiven Gesichtsausdruck zeigen. »Weil es lästig ist und man es möglichst nicht machen will, möchte ich es nebenbei erledigen und schnell damit fertig werden.« Diese Einstellung gibt es in Japan beim Putzen nicht.

Von einem Jünger Buddhas ist überliefert, dass er die Erleuchtung erlangte, indem er unablässig eifrig mit dem Besen fegte und dabei »Schmutz wegfegen, Staub abwischen« rezitierte.

Saubermachen bedeutet nicht zu putzen, weil es schmutzig ist, sondern um den Geist zu reinigen.

Zum Thema Abfall

Was ist eigentlich Abfall? Es handelt sich dabei um Dinge, die schmutzig, alt, unbrauchbar, nutzlos und überflüssig geworden sind … Doch es gibt kein einziges Ding, das von

Anfang an Abfall ist. Es wird zu Abfall, weil ein Mensch es dazu macht oder es als solchen betrachtet.

Nach der Lehre des Buddhismus haben die Dinge keine Substanz. Mit anderen Worten: Die Dinge selbst haben kein substanzielles Wesen. Doch wenn die Dinge keine Substanz haben, stellt sich die Frage, warum sie dann als Objekte vorhanden sind.

Ein Ding steht in einer Wechselbeziehung mit allen Dingen, mit denen es zu tun hat, und es existiert dadurch, dass die Dinge sich gegenseitig in ihrer Existenz unterstützen. Das gilt auch für den Menschen. Was dich als den Menschen, der du bist, existieren lässt, ist nichts anderes als die Gesamtheit der Menschen und Dinge, von denen du umgeben bist. Deshalb kannst du nicht bestimmen, dass ein Ding wichtig ist, weil es dir nützt, oder dass alles, was du nicht benutzen kannst, Abfall ist.

Einst hob Rennyo (1415–1499, der 8. Erzabt der Jôdo-shinshû-Schule) einen kleinen Fetzen Papier vom Boden auf, hielt ihn respektvoll hoch und sagte: »Auch ein einzelnes Blatt Papier ist ein Geschenk des Buddha und sollte nicht achtlos vergeudet werden.« Wenn die Japaner *mottainai* (»zu schade«) sagen, bedeutet das einerseits, mit den Dingen nicht verschwenderisch umzugehen, und andererseits, den Dingen gegenüber ein Gefühl der Dankbarkeit zu empfinden. Wer die Dinge nicht achtet, achtet auch nicht die Menschen.

Alles, was nicht mehr gebraucht wird, ist Abfall. Kinder, die mit solchen Werten aufwachsen, werden sich letztlich so entwickeln, dass sie nicht nur die Dinge, sondern auch ihre Freunde auf diese Weise betrachten. In jedem einzelnen Ding sind die kaum abzuschätzende Mühe und die geistige Energie seines Schöpfers enthalten. Auch beim Putzen und Ordnungmachen kommt es darauf an, nicht nachlässig mit den Dingen umzugehen, sondern ein Gefühl der Dankbarkeit zu bewahren.

Es ist aber auch verkehrt, alles in den Wandschrank einzuschließen, weil es angeblich *mottainai* ist. Obwohl es außerhalb des Hauses noch eine Bühne gibt, auf der diese Dinge aktiv werden könnten, werden sie im Haus eingeschlossen und vergessen. Da können einem die Dinge leidtun.

Lasst uns dankbar sein für das, was sie bis jetzt für uns geleistet haben, und sie mit guten Gedanken an Orte schicken, wo Menschen sie noch brauchen oder ihnen noch eine Rolle zugewiesen wird und sie sich von ihrer besten Seite zeigen können.

Achtet auf die Dinge vor euren Augen!

Die richtige Zeit zum Putzen und Aufräumen

Saubermachen ist nicht an eine bestimmte Uhrzeit gebunden. Putzen kann ich doch dann, wenn ich Zeit dafür habe. Ist das Ihre Meinung?

Der Sinn des Saubermachens besteht darin, die Wolken des Geistes zu entfernen. Mitten in der Nacht können Sie noch so eifrig fegen und wischen, Sie werden dabei trotzdem kein besonders frisches Gefühl haben. Auch im Tempel wird nach Sonnenuntergang nicht mehr geputzt.

Tatsächlich ist der Morgen die richtige Zeit zum Saubermachen. Der Tag der Mönche in Ausbildung beginnt damit, dass sie früh aufstehen, sich das Gesicht waschen, sich ankleiden, sauber machen und die Sutren rezitieren. Wenn man den Körper der frischen, kühlen Luft vor der Morgendämmerung aussetzt, sammelt sich der Geist von allein, und die Energie für den kommenden Tag sprudelt hervor. Wenn

man in der Stille schweigend sauber macht, noch bevor die Menschen und die Natur in der Umgebung aufstehen, werden Herz und Kopf klar. Wenn dann alle anderen aus dem Bett klettern, haben Sie schon die Aufgabe des Putzens erledigt und die Vorbereitungen für die Arbeit dieses Tages getroffen. Durch das morgendliche Saubermachen gewinnen Sie innere Freiheit und sind bereit für einen erfreulichen Tag.

Aber auch abends vor dem Schlafengehen ist ein wichtiger Zeitpunkt, um in Ihrer Umgebung Ordnung zu machen. Wenn man wie aktive Zen-Mönche (jap. *unsui* – »Wolken und Wasser«) den ganzen Tag mit Saubermachen und Aufräumen verbringt, braucht man vor dem Schlafengehen nicht mehr aufzuräumen. Sobald man etwas nicht mehr benötigt, räumt man es weg. Deshalb liegt nichts mehr herum, wenn man sich ernsthaft daran hält.

In einem normalen Haushalt ist das wohl kaum möglich. Dennoch sollte man sich bemühen, die tagsüber benutzten oder herumliegenden Sachen an den dafür vorgesehenen Platz zu legen und noch vor Tagesende den ursprünglichen Zustand wiederherzustellen. Ein aufgeräumtes Zimmer ist wichtig, um am nächsten Morgen mit der frischen Energie des neuen Morgens mit dem Saubermachen zu beginnen.

In dem Tempel, in dem ich meine Ausbildung zum Priester absolviert habe, haben die Zimmergenossen vor dem Schlafengehen stets gemeinsam die Sutren rezitiert. Vollzieht man dieses Ritual in einem aufgeräumten Zimmer vor dem Schlafengehen, fühlt man sich erfrischt, kann seine Gedanken klären und dann tief schlafen.

Beim täglichen Putzen und Aufräumen ist es vor allem wichtig, es regelmäßig zu tun. Machen Sie es sich unbedingt zur täglichen Gewohnheit. Vielleicht fällt es Ihnen anfangs schwer, so früh aufzustehen, doch wenn das morgendliche Putzen und das abendliche Aufräumen zum Ritual werden, können Sie den Tag in geistiger und körperlicher Frische verbringen.

Zimmer lüften

Vor dem Saubermachen sollten Sie die Fenster öffnen und frische Luft hereinlassen. Auch wir öffnen morgens vor dem Putzen die Fenster, um bei der Reinigung mit der Luft anzufangen. Der Kontakt der Haut mit der kühlen Luft, die in der Morgendämmerung zum Fenster hereinströmt, macht uns wach und erzeugt ein belebendes, reines Gefühl. Wenn wir die Lunge mit der frischen Luft von draußen füllen, geschieht die mentale Vorbereitung auf das Saubermachen von selbst. Auch wenn wir noch so eifrig putzen und es noch so sauber aussieht, stagniert der Geist, wenn die Luft stickig ist. Im Frühling oder Herbst ist der von draußen wehende Wind angenehm. Aber wenn man im japanischen Hochsommer das Fenster öffnet, strömt drückend schwül-heiße Luft herein, während die Luft im tiefen Winter am frühen Morgen stechend kalt ist. Damit haben wir uns ganz einfach abzufinden.

Die Tätigkeit des Putzens ist in gewissem Sinne auch eine Form der Kommunikation mit der Natur. Wenn wir Menschen ein Haus nicht instand halten, häuft sich Dreck, das Holz verwittert, in hundert Jahren stürzt es ein, und die Natur nimmt ihren Platz wieder ein. Durch Reinigung und Pflege können wir ein Gleichgewicht mit den Kräften der Natur herstellen und das Haus in einem für Menschen gut bewohnbaren Zustand erhalten.

Im Grunde ist der Mensch ein schwaches Lebewesen, das nicht in der Natur überleben kann. Wenn wir nackt mit der Wildheit der Natur konfrontiert werden, sind wir völlig hilflos. Deshalb müssen wir Menschen eine Umgebung schaffen, in der wir überleben können. Das Saubermachen ist auch ein Dialog mit der Natur.

Unser modernes Leben, das wir in klimatisierten Räumen im Sommer und im Winter in derselben Umgebung führen, ist von der Kommunikation mit der Natur abgeschnitten. Wenn man sich an ein derart neutrales Leben gewöhnt, werden Körper und Geist allmählich schwach. Wenn es heiß ist, sollten wir die Hitze eben aushalten, und wenn es kalt ist, sollten wir die Kälte eben aushalten. Ein Geheimnis der Gesundheit von Körper und Geist besteht darin, in Kontakt mit der Natur zu leben und beim Putzen Schweiß zu vergießen.

Wenn wir das Fenster öffnen und mit der Natur in Berührung kommen, sollten wir uns diese Schwäche, nicht in derselben Umgebung wie wilde Tiere leben zu können, bewusst machen. Und dabei die Sanftheit und die Härte der Natur auf der Haut spüren und der Unersetzlichkeit der Lebenskraft danken.

Öffnen Sie jeden Morgen das Fenster, das Sie mit der Natur verbindet, und lassen Sie die frische Luft herein!

Was tun mit Insekten?

Alle Buddhisten sollten sich an fünf Gebote halten. Das Gebot, nicht zu töten, steht dabei an erster Stelle. Alles Leben ist miteinander verbunden und gleichermaßen kostbar. Deshalb sollten wir kein Lebewesen rücksichtslos verletzen oder ihm das Leben nehmen.

Allerdings kann der Mensch auch nicht leben, ohne Fleisch oder Fisch und Gemüse zu verzehren. Wir sollten uns bewusst machen, dass wir als Menschen nicht leben können, ohne Leben zu nehmen, und ein Gefühl des Bedauerns und der Dankbarkeit im Herzen bewahren. Es ist wichtig, so zu leben, dass man möglichst ohne zu töten auskommt. Die Grundlage für eine solche Lebensweise ist die tägliche Reinigung.

Insekten kommen, weil sie Nahrung oder einen Platz für ihr Nest suchen. Wir lassen Essensreste auf dem Tisch liegen, waschen das schmutzige Geschirr nicht und entsorgen den Biomüll nicht. Wenn man sich so nachlässig verhält, werden natürlich Insekten magisch angezogen. Mit anderen Worten heißt das: Um nicht Insekten töten zu müssen, sollten Sie nach jeder Mahlzeit unverzüglich sauber machen.

Sorgen Sie außerdem dafür, dass Insekten sich in Ihrem Zuhause nicht vermehren können. Wenn Eimer draußen offen herumstehen, sammelt sich darin Wasser, in dem sich Larven entwickeln können. Kübel und andere Behälter sollten Sie umgedreht hinstellen. Gefäße wie Wasserschalen im Garten sollten nicht zu groß sein, und das Wasser darin wechseln Sie am besten regelmäßig, damit es sauber bleibt.

Es gibt auch Insekten wie Ameisen oder Wespen, die gefährlich werden können, wenn man nichts gegen sie unternimmt. Bei solchen Insekten kann man verhindern, dass sie Nester bauen, indem man unter anderem die Pflanzen am Haus beschneidet und für gute Belüftung sorgt, sodass sich keine Feuchtigkeit ansammelt. Beim Grasschneiden sollten Sie zuerst an Blättern und Mist überprüfen, ob Wespen oder giftige Raupen daran haften.

Pflegen Sie zum gegenseitigen Nutzen von Insekten und Menschen Haus und Garten ordentlich.

Empfehlung zum Rollentausch

Beim Training der Mönche führen wir die verschiedenen Aufgaben in Arbeitsteilung durch und wechseln dabei regelmäßig die Rollen. Das nennt man Rollentausch. Dabei übernimmt zum Beispiel derjenige, der bis gestern für die Küchenarbeit zuständig war, heute die Gartenarbeit. Das ermöglicht es den Mönchen im Tempel, alle Tätigkeiten kennenzulernen.

Vielleicht denken Sie, dass die Arbeit der Mönche etwas ist, das man allein und schweigend verrichtet, doch in Wirklichkeit ist Saubermachen im Tempel Teamwork. Dabei achten die Mönche aufmerksam auf das, was in der Nähe geschieht, und schauen, wo die anderen gerade putzen. Jeder denkt an die Aufgabe, die er zu erfüllen hat, und unterstützt die Arbeit der anderen.

Da beim Saubermachen das Prinzip »von oben nach unten« gilt, behält jeder den Arbeitsplan bzw. die Reihenfolge im Hinterkopf.

Beim Training der Mönche fällt die Nachlässigkeit des Einzelnen in die Verantwortung der Gruppe. Es kann durchaus vorkommen, dass das ganze Team die Anweisung erhält, für längere Zeit im Fersensitz auf Holzbrettern zu sitzen und zu beten.

Um den anderen keine Unannehmlichkeiten zu bereiten, arbeitet jeder besonders ordentlich. Das ist eine gute Gelegenheit, um am eigenen Leib zu erfahren, dass das Ich nicht für sich allein existiert.

Dies gilt auch für das alltägliche Leben. Es ist wichtig, dass man nicht für sich allein putzt, sondern dass alle zusammen darauf achten. In der Familie sollte man versuchen, die Rollen zu teilen, und jeder sollte seine Rolle manchmal auch tauschen. Es geht darum, dass alle Familienmitglieder im Team arbeiten und dabei aufeinander Rücksicht nehmen.

Den Wert der Familie begreift man erst, wenn etwas passiert. Der Mann, dem seine Frau stets wie selbstverständlich das Essen zubereitet hat, wird auf seine missliche Lage aufmerksam, wenn seine Frau krank im Bett liegen muss und er merkt, dass er nicht kochen kann. Eine solche »Mahnung« dürfte zu einer wertvollen Gelegenheit werden, seine seelische Härte aufzuweichen.

Bei der Kindererziehung ist der Rollentausch bei der Hausarbeit oder beim Saubermachen eine wirkungsvolle Methode. Ein Erwachsener kann die Aufgaben selbst freilich besser und schneller machen, als wenn er sich von einem Kind helfen lässt. Deshalb mag das anfangs nervig sein. Trotzdem sollte man auf jeden Fall Kindern im Rahmen ihrer Möglichkeiten verschiedene Aufgaben geben.

Unter den Banden des Menschen ist die Familie das stärkste Band. Machen Sie die gemeinsame Arbeit unbedingt zu einer Gelegenheit, diese Herzensbande zu vertiefen.

Saubermachen im Einklang mit dem Wetter

In einem Tempel gibt es drinnen und draußen viele Arbeiten zu verrichten, aber bei Regen arbeitet man nicht im Freien und wartet, bis der Himmel wieder blau wird. Man gestaltet den Arbeitsplan für den Tag in Übereinstimmung mit dem Lauf der Natur.

An einem Tag, an dem man draußen nicht arbeiten und den Garten im Tempelbezirk nicht sauber machen kann, kümmert man sich um die Innenräume. Wir putzen die Fenster, bekleben die Papierschiebetüren (*shôji*) neu oder stauben ab. Da sich Unkraut leichter jäten lässt, wenn man nach dem Regen eine Weile abwartet, bis der Boden die richtige Feuchtigkeit hat, empfehle ich Ihnen, erst dann im Freien sauber zu machen, wenn der Regen aufgehört hat.

Angeblich verbringen die Zen-Mönche drei Viertel der 24 Stunden eines Tages mit Putzen. Und trotzdem gibt es für das »Putzen zur Reinigung des Herzens« kein Ende. Wenn man danach sucht, findet man so viele Plätze zum Saubermachen, wie man will. Wir sind flexibel und putzen im Einklang mit der Natur. Es ist vielleicht eine gute Idee, in einem normalen Haushalt folgende Regel aufzustellen: »Ein Regentag ist ein Reparaturtag.« Denn wenn man sich im Haus umschaut, findet man bestimmt einiges zu tun.

Nicht auf morgen verschieben

Ein bekannter Zen-Spruch lautet: 前 後 際 断 *zen go sai dan*. Die vier Schriftzeichen heißen: »vorher nachher Gelegenheit abschneiden«; das bedeutet: »Ohne über Vergangenes zu klagen, ohne sich über Zukünftiges Sorgen zu machen, Tag für Tag mit ganzem Herzen und aller Kraft so tätig sein, dass man nichts zu bereuen hat.« Diese Maxime wird beim Putzen zur Reinigung des Geistes zu der Regel: »Nicht(s) auf morgen verschieben.«

Bestimmt hat jeder gestresste moderne Mensch schon die Erfahrung gemacht, müde nach Hause zurückzukommen, das ungespülte Geschirr und die Wäsche einfach stehen und liegen zu lassen und wie ein Stein ins Bett zu fallen. Aber wacht man dann am nächsten Morgen mit frischem Mut auf? Gerät man nicht eher in eine depressive Stimmung, wenn man dem neuen Morgen entgegengeht, in Gedanken aber noch mit den Dingen des gestrigen Tages beschäftigt ist?

Es ist nicht allein der Moment, in dem man die vom Vortag angesammelten Dinge sieht, der uns depressiv stimmt. Wenn man mit dem Gedanken »Eigentlich hätte ich es machen müssen …« schließlich einschläft, bleibt die ganze Nacht über ein dumpfes Gefühl im Bewusstsein zurück. Es gibt durchaus Menschen, die im Traum eifrig häusliche Arbeiten erledigen und aufwachen, wenn sie glauben, endlich damit fertig zu sein, nur um in der realen Welt noch einmal von vorn anfangen zu müssen.

Ohne über Vergangenes zu klagen, ohne sich über Zukünftiges Sorgen zu machen, Tag für Tag mit aller Kraft zu leben, ist nicht nur eine Frage der Stimmung. Bei unserem Tun kommt es darauf an, das, was zu tun ist, sofort zu erledigen und die Quelle überflüssiger Illusionen zu beseitigen. Diese entstehen durch Einstellungen wie: »Das kann ich auch noch morgen machen.« Oder: »Diese Arbeit liegt mir seit gestern auf der Seele, aber …«

Je länger der Schmutz im Geist liegen bleibt, umso schwieriger ist es, ihn zu entfernen. Wir sollten Tag für Tag in froher Stimmung verbringen und das, was zu tun ist, auf keinen Fall auf morgen verschieben.

DIE VORBEREITUNG

Arbeitskleidung (samue)

Samue ist die traditionelle Kleidung, die japanische Mönche jeden Tag bei ihren verschiedenen Arbeiten im Tempel tragen. Es handelt sich dabei um ein typisch japanisches Kleidungsstück, das in vielerlei Hinsicht von Nutzen ist: Es lässt dem Träger Bewegungsfreiheit, es ist leicht zu waschen, es kann bei verschiedenen Tätigkeiten wie Putzen, Büroarbeit und Besorgungen in der Nachbarschaft getragen werden.

Ich mag *samue* in gedeckten Farben wie Dunkelblau oder Schwarz. *Samue* gibt es in verschiedenen Formen, und manche Mönche tragen *samue* in hellen Farben oder mit Mustern.

Die schlichten *samue* sind zeitlos. Es ist praktisch, *samue* je nach Jahreszeit zu wechseln: im Sommer aus dünnem Leinenstoff und im Winter aus dickem Baumwollstoff mit Futter.

Samue aussuchen

Für den Sommer sind dünne *samue* mit kurzen offenen Ärmeln geeignet, für den Winter *samue* mit langen, mit einem Gummiband geschlossenen Ärmeln. Je mehr Taschen ein *samue* hat, desto praktischer. Beim Putzen sollte man kein schönes *samue* aus teurem Stoff tragen, sondern ein *samue* aus kräftigem Material auswählen, das sich zum Arbeiten eignet und gut waschbar ist.

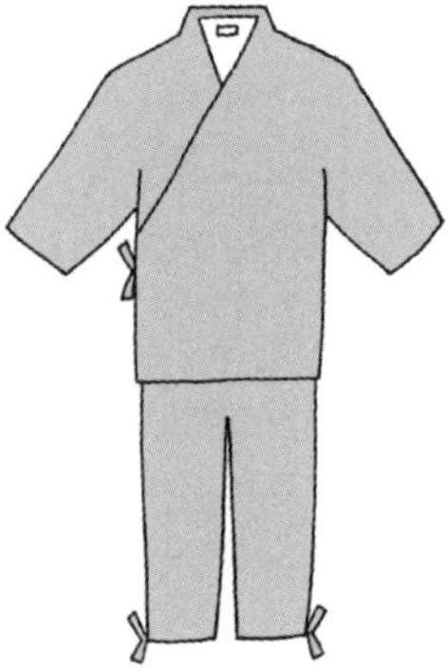

Samue waschen

Baumwollsachen kann man zu Hause waschen. Wer sich an Falten stört, kann den Stoff nach dem Schleudern zwischen beiden Handflächen flach klopfen, das *samue* in eine ordentliche Form bringen und gleich trocknen lassen.

Handtuch (tenugui)

Tenugui, farbig bedruckte Handtücher aus Baumwolle, sind den Japanern so vertraut, dass man auch sagen könnte, die japanische Kultur hätte sich zusammen mit *tenugui* entwickelt. Es gibt auch Mönche, die sich beim Putzen ein *tenugui* um den Kopf binden. Wenn man das *tut*, fühlt man sich automatisch energiegeladen und sagt sich: »Los, an die Arbeit!«

In jüngster Zeit scheint es viele Mönche zu geben, die anstelle von *tenugui* normale Handtücher benutzen. Die Novizen des Eiheiji, des Haupttempels der Sôtô-Schule des Zen-Buddhismus, nennen ihr Arbeitshandtuch *samuta* (zusammengesetzt aus *samu* – »Arbeit« und *ta* – abgekürzt aus *taoru* für engl. *towel*). Sie binden es sich beim Putzen im Freien stets um den Kopf. Da der kahle Kopf der Mönche empfindlich ist, muss man ihn schützen, denn es kann zu Verletzungen kommen, wenn man gegen Äste und die Kanten von Möbeln stößt. Natürlich sind Handtücher auch für Frauen mit langen Haaren nützlich, um hochgebundene Frisuren vor Schmutz zu schützen.

Tenugui waschen

Tenugui kann man ganz normal waschen, aber vielleicht ist es bei gefärbten *tenugui*, die ihre Farbe verlieren, besser, sie einzeln mit der Hand zu waschen, bis sie nicht mehr abfärben. Durch häufige Benutzung verändert sich die Stoffqualität. Ein Vorteil von *tenugui* ist es, dass sie unglaublich schnell trocknen. Auch mit nur einem einzigen *tenugui* kann man jeden Tag putzen.

Empfehlung
Ich benutze gerne *tenugui*
der bekannten Firma *Kamawanu*:
http://www.kamawanu.co.jp

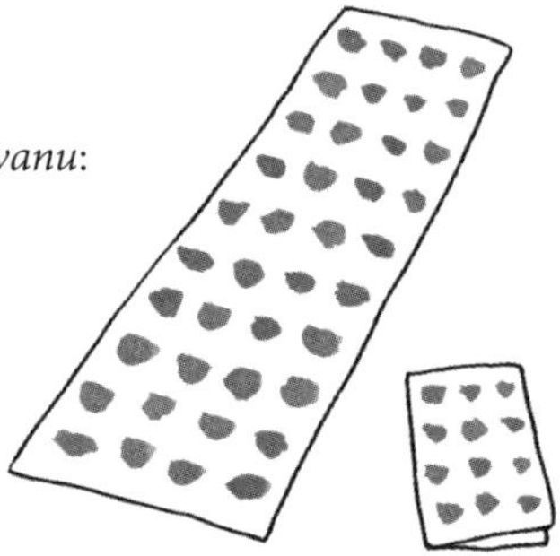

Sandalen (setta)

Das typische Schuhwerk für Mönche sind *setta*, Strohsandalen mit Ledersohle. *Setta* sind typisch japanische Sandalen mit Riemen, eine Art *zôri* (normale Strohsandalen), und angeblich sind sie in der Zeit des berühmten Teemeisters Sen-no-Rikyû (1522–1591) erfunden worden. Bei *setta* wird Leder auf die Unterseite geklebt, damit sie nicht von unten her nass werden, wenn man auf Wasser oder Schnee tritt, und damit die Abnutzung an den Fersen verhindert wird. In Schriftzeichen kann man statt der üblichen Schreibweise 雪駄 für *setta* auch 雪踏, wörtlich: »Schnee treten«, benutzen.

Da *setta* gut zu *samue* passen und Schuhwerk mit Riemen außerdem eine kräftigende Wirkung auf die Füße haben soll, empfehle ich, sie täglich bei der Arbeit zu tragen. In jüngster Zeit scheinen immer mehr Leute handgefertigte Stoffsandalen zu tragen. Selbstgemachte Sandalen sind in Ordnung.

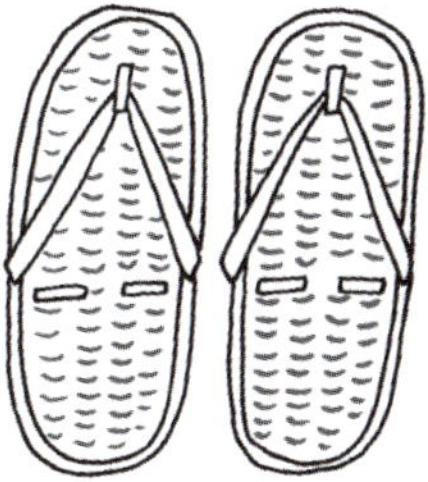

Als Material kommt dafür in Frage: unbrauchbar gewordener alter Stoff und eine kräftige Schnur; als Werkzeug: Schere, Klammern, Bambusspatel und im Handel erhältliche Sohlen usw. Wen es reizt, selbst Stoffsandalen zu machen, der kann an entsprechenden Kursen teilnehmen oder im Internet nach Anleitungen suchen.

Arbeitshandschuhe und Arbeitssocken (gunte & gunsoku)

Arbeitshandschuhe und Arbeitssocken dürfen beim Putzen im Freien nicht fehlen. Da sie uns schützen und gleichzeitig Händen und Füßen Bewegungsfreiheit lassen, sind sie perfekt geeignet.

Da sich die weißen Arbeitshandschuhe aus Baumwolle nicht mehr gut reinigen lassen, wenn man sie in schmutzigem Zustand weglegt, sollte man sie gleich nach dem Gebrauch waschen, indem man sich mit angezogenen Handschuhen die Hände wie üblich wäscht, die Handschuhe auswringt und trocknen lässt. So bleiben sie sauber.

Die Arbeitssocken haben zwischen der großen Zehe und der zweiten Zehe einen offenen Spalt, damit man direkt traditionelle japanische Arbeitssandalen oder Arbeitsschuhe

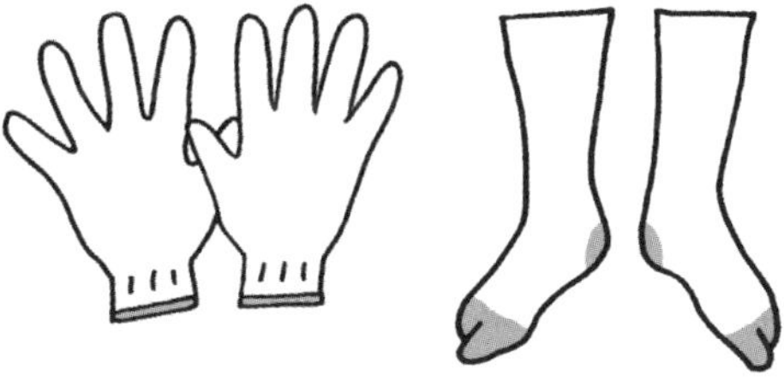

anziehen kann. Da Arbeitssocken an den Zehenspitzen und an der Ferse, wo sie leicht verschmutzen, grau gefärbt sind, fällt Schmutz dort kaum auf, und obwohl sie insgesamt weiß gefärbt sind, sehen sie sauber aus.

Arbeitshandschuhe und Arbeitssocken

Arbeitshandschuhe und Arbeitssocken sollten beim Saubermachen im Freien nicht fehlen. Sie schützen uns nicht nur vor Dreck, sondern auch vor Verletzungen durch Dornen oder Glasscherben. Übrigens benutzt man bei der Arbeit im Tempel keine Arbeitshandschuhe und Arbeitssocken. In der Regel arbeiten die Mönche mit bloßen Händen und nackten Füßen oder in Arbeitsschuhen.

Besen und Kehrschaufel

Im Tempel sind die Besen und Kehrschaufeln aus früheren Zeiten noch heute im Gebrauch. Diese Gerätschaften brauchen kaum Platz und keinen Strom. Bei Bedarf lassen sie sich schnell herausholen. Leicht, wie sie sind, sind sie gut zu tragen, und ihre Pflege ist einfach. So gesehen haben sie nur gute Seiten.

Bei den Besen gibt es die leichten und praktischen Handbesen mit kurzen Haaren und kurzem Handgriff für das Saubermachen im Haus, während die großen Bambusbesen für das Zusammenfegen von abgefallenen Blättern im Freien zu empfehlen sind.

Als Kehrschaufeln sind leichte, haltbare, einfache Schaufeln aus Blech geeignet. Im Freien sind größere Kehrschaufeln zum Gebrauch im Garten praktisch.

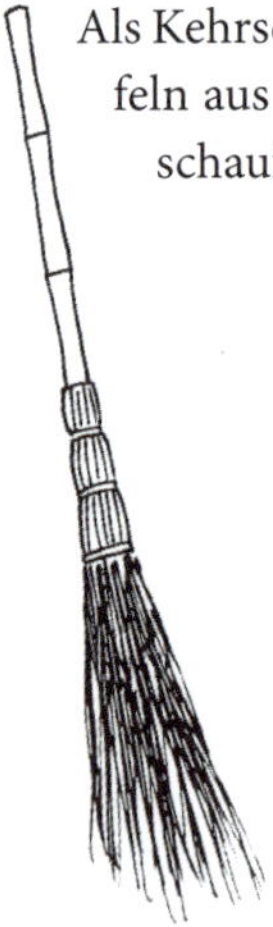

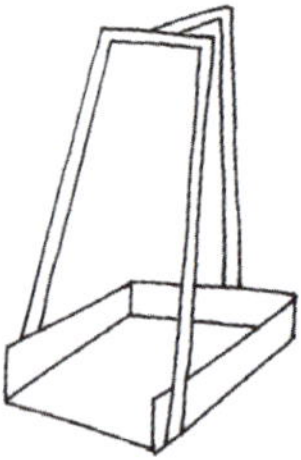

Besen

Der Überlieferung nach gab es einen Jünger des Buddha, der beim Fegen die Erleuchtung erfuhr.

Unter den seit früherer Zeit benutzten Kehrschaufeln gibt es eine leichte, stabile Form mit Deckel, die im Japanischen »Kultur-Kehrschaufel« genannt wird.

Putztuch

Früher hat man Putztücher zu Hause selbst gemacht, indem man alte Stoffreste oder Handtücher mittig gefaltet und zusammengenäht hat, aber heutzutage kaufen die meisten Menschen Putzlappen. Es hat auch kaum jemand noch eine Nähmaschine zu Hause. Allerdings könnte jeder, der dazu fähig ist, seine Putztücher mit der Hand nähen.

In der Welt des ursprünglichen Buddhismus trugen die Asketen Flickengewänder, die aus Lumpen zusammengenäht waren. Indem sie Lumpen wertschätzten und am eigenen Leib trugen, vermieden sie Stolz und Hochmut und wischten den Staub der Welt von ihrem Herzen ab.

Da Putztücher gleichfalls wichtige Werkzeuge sind, sind sie für uns so wertvoll, dass wir sie eigentlich einzeln mit der Hand nähen möchten.

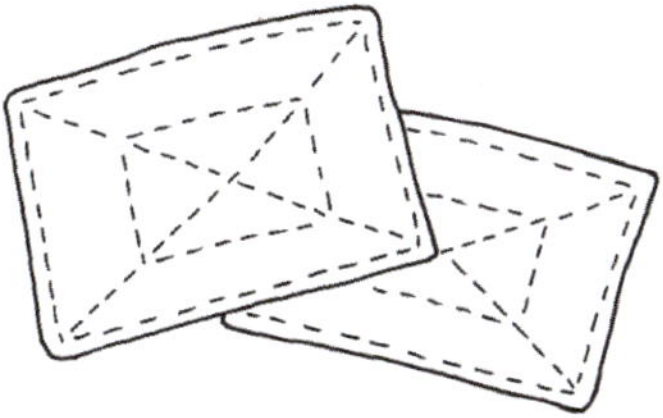

Putztuch

Es ist ein Grundprinzip in der buddhistischen Welt, die Dinge immer wieder zu benutzen. Aus neuem Stoff macht man kein Putztuch. Zum Beispiel kann man aber aus Kleidungsstücken, die ihre Funktion erfüllt haben, Putztücher nähen. Das Leben der Dinge bis zuletzt zu achten, ist das Herz des Buddhismus.

Eimer

Zum Putzen ist Wasser das Beste. Und es wird uns vom Himmel geschenkt. Da wir mit Eimern Wasser sammeln können, sollten wir sie wertschätzen. Wir bemühen uns, das kostbare Wasser nicht zu verschwenden, indem wir zum Beispiel im Freien Regenwasser und im Haus altes Badewasser zum Putzen nehmen.

Wenn man mit Wasser aufwischt und den Eimer direkt auf den Boden stellt, hinterlässt das Wasser eine kreisförmige Spur. Um das zu vermeiden, legt man auf Holzböden zuerst ein Putztuch, auf das man dann den Eimer stellt. Wenn man das Putztuch auswringt, ist darauf zu achten, dass kein Wasser auf den Boden tropft.

Ich denke, es gibt noch viele Leute, die früher in Grund- und Mittelschulen Blecheimer benutzt haben. Sie sind leicht, stabil und zum Saubermachen bestens geeignet. Da sie aber rosten können, sollte man die Nässe abwischen, bevor man sie wegräumt.

Pinsel und Staubwedel

Der Flachpinsel ist von großem Nutzen zur Reinigung von Gegenständen aus feinem, empfindlichem Material wie Lackarbeiten oder Papiertüren (*shôji*). Auf den Holzleisten von Papiertüren oder -fenstern sammelt sich Staub, aber das Abwischen ist problematisch. Papier kann man nicht mit Wasser abwaschen, und wenn man beim Abwischen ungeschickt ist, verteilt sich der Dreck und die *shôji* sehen noch schmutziger aus. In diesem Punkt gibt es mit einem Flachpinsel keine Probleme. Wenn man damit den Staub vorsichtig abstreift, werden die *shôji* so sauber, dass man sie nicht abzuwischen braucht.

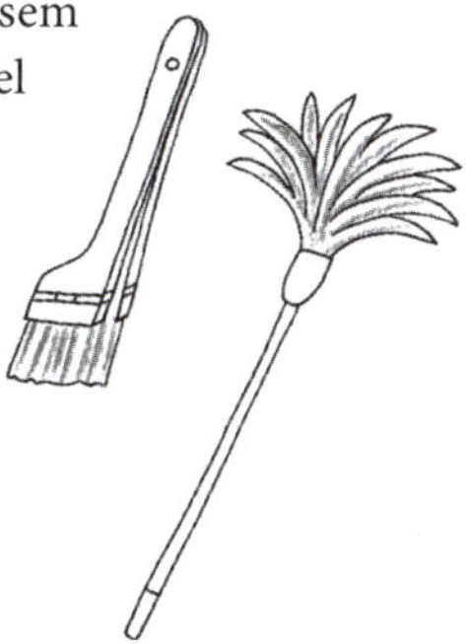

Besonders wertvolle Objekte, wie zum Beispiel Buddhastatuen oder

Totentäfelchen auf dem Altar, säubern wir liebevoll mit einem weichen Pinsel oder Staubwedel. Nach einer Verbeugung mit zusammengelegten Händen (*gasshô*) entfernen wir von oben nach unten den Staub auf so sanfte Weise, als wollten wir diese Objekte streicheln. Wenn wir zum Reinigen eines vergoldeten buddhistischen Hausaltars einen handgefertigten japanischen Flachpinsel benutzen, können wir beruhigt sein, denn dieser schont die Oberfläche.

Flachpinsel und Staubwedel

Japanische Flachpinsel von guter Qualität werden von Handwerkern, die alte Traditionen pflegen, sorgfältig einzeln angefertigt. Wenn wir diese Pinsel benutzen, sollten wir an die Arbeit der Pinselmacher denken und uns dem Saubermachen mit Achtsamkeit widmen.

Lange Staubwedel dienen zum Säubern des Deckenbereichs. Dabei wischen wir den Staub von oben nach unten ab.

Sichel, Baumschere und Wetzstein

Für die Gartenarbeit braucht man unbedingt eine Sichel und eine Baumschere. Wenn man mit der Arbeit fertig ist, sollte man diese Werkzeuge erst pflegen und dann wegräumen.

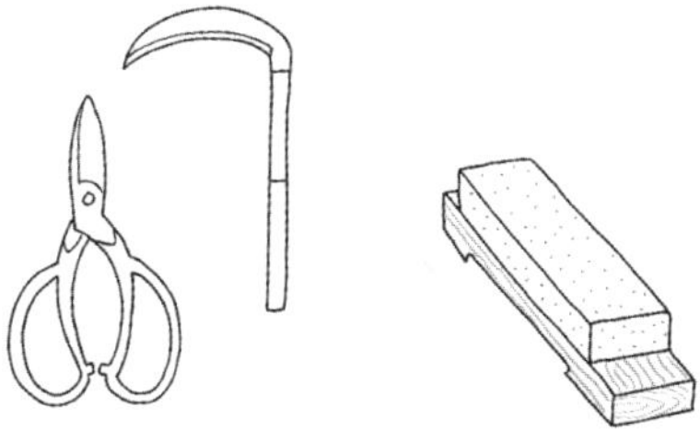

Bereiten Sie dafür einen Wetzstein vor. Wenn man Sichel und Wetzstein schmutzig weglegt, rosten die Klingen. Vor dem Aufräumen sollten Sie sie deshalb gründlich abwaschen und Erde und Wasser abputzen. Es ist wichtig, die Sichel mit einem Wetzstein zu schleifen und für den nächsten Gebrauch vorzubereiten.

Wenn man eine schlecht geschliffene Sichel benutzt, braucht man bei der Arbeit zu viel Kraft, wird schneller müde und kann sich leichter verletzen. Legen wir uns die Werkzeuge bereit, mit denen wir mühelos Gras und Pflanzen schneiden können!

Sichel

Wir wählen am besten eine Sichel, die nicht zu groß und nicht zu klein ist, sondern eine Größe hat, die zur Hand passt. Dadurch ist die Sichel leichter zu benutzen.

Baumschere

Baumscheren sollten wir gut behandeln. Zuerst verschaffen wir uns einen Überblick über alle Pflanzen im Garten, dann gehen wir mit der Schere zu den Stellen, die uns stören, und während wir schneiden, achten wir auf alle Details.

Wetzstein

Der Wetzstein dient zum Schleifen der Sichel. Da die Schneide der Sichel stumpf wird, wenn der Wetzstein schlecht ist, sollten wir nach dem Gebrauch den Schmutz abwaschen, das Wasser abwischen und den Wetzstein vor dem Aufräumen einwickeln.

KAPITEL 1

SAUBERKEIT UND HYGIENE AN ORTEN DES WASSERS UND DER KÖRPERPFLEGE

Küche

Im Zen-Tempel heißt der Mönch, der mit der Zubereitung der Mahlzeiten betraut ist, *tenzo*. Diese wichtige Aufgabe ist »ein Amt, das nur jemand ausüben kann, dessen Da von tiefem Verlangen nach Erleuchtung erfüllt ist«. Weil es sich dabei um »eine echte, von weltlichen Gedanken nicht getrübte buddhistische Praxis« handelt, muss der *tenzo* seine Pflichten in der Küche mit voller Konzentration erfüllen.

Damit in einem normalen Tempel bei feierlichen Anlässen Essen für die versammelten Gemeindemitglieder und

Leute aus der Nachbarschaft zubereitet werden kann, ist die Tempelküche wesentlich größer als in einem gewöhnlichen Haushalt. Spülbecken, Töpfe, Bambussiebe sind um ein paar Nummern größer.

Tempelküchen, in denen mehrere Personen gemeinsam die Mahlzeiten kochen, sind stets sauber geputzt, und das Küchengeschirr befindet sich immer am vorgeschriebenen Platz. Wenn in der Küche Ordnung herrscht, kann jeder, dem diese Aufgabe zugeteilt wird, mit gutem Gefühl zu kochen beginnen. Dadurch verkürzt sich die Arbeitszeit, und das schmackhafte Essen kann warm aufgetragen werden.

Bei der Arbeit in der Tempelküche sollte man gut darauf achten, ob die Türen der Küchenschränke offen oder geschlossen sind. In der Hektik möchte man unwillkürlich die Türen offen stehen lassen, aber das ist ein Anzeichen für

das Nachlassen der Konzentration. Deshalb sollte man die Türen unbedingt jedes Mal wieder schließen, wenn man etwas aus dem Schrank geholt hat. Das bedeutet, seinen Geist bei Anzeichen von Nachlässigkeit zu sammeln.

Im Tempel sind die Mahlzeiten der Mönche in der Regel vegetarisch. Wir essen weder Fleisch noch Fisch und meiden Gemüsesorten mit starkem Geruch wie Lauch, *nira*-Lauch oder Knoblauch. Unter den mit mir befreundeten Mönchen sind auch Küchenmeister, die aus pflanzlichen Zutaten wie *konbu*(-Algen) oder *shiitake*(-Pilzen) erstklassige klare Brühen machen. Wenn man sich an Mahlzeiten gewöhnt, die hauptsächlich aus Gemüse ohne scharfen Geschmack zubereitet sind, verfeinert sich der Geschmackssinn, und man kann auch feinste Geschmacksunterschiede genießen.

Da es bei dieser Art von Küche wichtig ist, saisonale Zutaten zu verwenden und ihren natürlichen Geschmack zu unterstützen, verwenden wir keine exotischen Gewürze oder größere Mengen von Öl. Das führt natürlich dazu, dass man in der Küche weniger Geräte benötigt und das Aufräumen und Saubermachen letztlich einfacher wird. Zudem nutzen wir alle Zutaten, so gut es geht, damit wenig Biomüll übrig bleibt. So verwenden wir zum Beispiel fein geschnittene Rettichblätter, und auch aus der Rettichhaut lassen sich schmackhafte *kinpira*-Gerichte[3] zubereiten. Außerdem geben wir den restlichen Bioabfall an die Erde zurück und nutzen ihn so als Dünger.

Wenn man sich in einem normalen Haushalt genauso ernährt und lebt wie die Mönche im Tempel, merkt man vielleicht, wie gut das ist. Dann wird das tägliche Aufräumen und Putzen einfach, vor allem, wenn man sich über einen längeren Zeitraum daran hält.

Der *tenzo* konzentriert sich voll und ganz auf die Zutaten für die Mahlzeiten, bis er das Gefühl hat, dass sein Geist und die Lebensmittel eins werden. Liebevoll gekochtes und der Gesundheit förderliches Essen sollte in sauberem Geschirr und aus frischen Zutaten der Saison zubereitet werden. Bemühen wir uns, die Küchen sauber zu halten, damit jeder sich darin wohlfühlt!

Spülbecken:
Auf jeden Fall sollte man mit einem trockenen Putztuch alle Wassertropfen abwischen, damit sich auf der Spüle und am Wasserhahn kein Kalk absetzt. Auch das Abflussgitter sollte man Tag für Tag säubern, damit keine Speisereste daran kleben bleiben. Abfall lassen wir auf keinen Fall bis zum nächsten Tag liegen.

Kochgeschirr:
Man sollte es vermeiden, verschmutzte Töpfe und Pfannen oder auch das Spülbecken mit Wasser einzuweichen und am folgenden Tag zu spülen. Stattdessen spülen wir das verschmutzte Geschirr auf der Stelle. Hartnäckig verschmutzte Stellen befeuchten wir zuerst mit Wasser (am besten mit heißem Wasser), um den Schmutz aufzuweichen, und säubern sie dann mit einem metallenen Topfkratzer. Die Spüle reinigt man am besten mit Soda. Zuletzt sollte man nicht vergessen, alles trocken zu wischen.

Das Geheimnis beim Abwasch:
Das wahre Geheimnis beim Abwasch besteht darin, auf keinen Fall Geschirr stehen zu lassen. Zu diesem Zweck sollte man:

1. stets die Mahlzeit insgesamt im Auge behalten und überflüssige Arbeitsschritte reduzieren;
2. freie Zeiten beim Kochen zum Abwaschen und Aufräumen nutzen.

Wer diese beiden Punkte beachtet, kann die Arbeitsschritte verkürzen und Wasser sparen. Außerdem gibt es dadurch nach dem Kochen nur sehr wenig Abwasch, und das Aufräumen ist nicht mehr so aufwendig.

Die Spüle auch innen putzen.

Toilette

Die Toilette ist ein heiliger Ort.

Es dürfte keinen Ort geben, der das Gesicht eines Hauses besser repräsentiert als die Toilette. Wenn man Gäste empfängt, schenken die Gastgeber dem Eingang viel Aufmerksamkeit, nicht aber der Toilette. Wenn die Toilette dann benutzt wird, betritt der Gast dieses kleine Zimmer und bleibt eine Weile dort. Und gerade weil es sich um einen Ort der Entspannung handelt, wandern die Augen des Gastes gerne überall umher: Schmutz auf dem Sitz, Staub auf dem Fußboden, Klopapier, das zu Ende geht … Wenn der Ort vernachlässigt wirkt oder man sich dort nicht wohlfühlen kann, macht das ganze Haus einen schlechten Eindruck.

In der Welt der buddhistischen Mönche gehören die Toiletten zu den Orten, die am besten geputzt werden. In den Schulungsklöstern der zenbuddhistischen Sôtô-Schule gibt es drei Gebäude, in denen nicht gesprochen werden darf: die berühmten *san moku dôjô*, die »drei Übungshallen des Schweigens«. Dabei handelt es sich um die Mönchshalle (*sôdô*), in der die Novizen meditieren, essen und schlafen, das Bad (*yokusu*) und die Toilette (*tôsu*).

Was diesen drei Orten gemeinsam ist, ist Wasser. Wasser ist die Grundlage des Lebens. Die Orte, an denen in einem Haus die Grundlage des Lebens fließt, sind Küche, Badezimmer und Toilette. Wasser wird vom Körper aufgenommen, kreist dort, wird ausgeschieden und kehrt in die Natur zurück. Besonders auf der Toilette wird man sich des Fließens

unserer Lebensgrundlage bewusst. Deshalb wird besonderer Wert auf ihre Sauberkeit gelegt, und so ist das Putzen der Toilette eine echte Übungspraxis.

Zudem soll die Schutzgottheit Usushima-myôô auf der Toilette die Erleuchtung erlangt haben, weshalb dieser Ort als heilig betrachtet wird. Dies ist ein kraftvoller Platz, an dem Unreinheiten beseitigt werden. Wir putzen dort mit solcher Gründlichkeit, dass nicht einmal ein Fingerabdruck zurückbleibt. Übrigens wird auf der Toilette eine Statue der Schutzgottheit Usushima-myôô aufgestellt, weil sie bewirken soll, »allen Schmutz dieser Welt zu reinigen«.

Die Verhaltensregeln für die Toilette wurden von Zen-Meister Dôgen[4] festgelegt. Hier praktizieren die Mönche die wichtigen Übungen des Schweigens und des Reinigens.

In vielen Tempeln der Jôdoshinshû sind auch Gästetoiletten eingerichtet, und bis jetzt habe ich noch nirgendwo Schmutz oder Unordnung gesehen. In jedem Tempel war die Toilette stets sauber und gut gepflegt, und die Toilettensandalen standen gerade ausgerichtet vor der Tür.

Auch der Toilettenbenutzer kann deutlich sehen, wie sauber es ist, und sich entspannt und mit gutem Gefühl darin aufhalten. Deshalb sollte man nichts in Unordnung bringen, wenn man fertig ist, sondern an den Nächsten denken und die Toilette in dem Zustand verlassen, in dem man sie angetroffen hat.

Übrigens betreten die Novizen im Eiheiji-Tempel die Toiletten nicht in den üblichen Toilettensandalen. In der Mönchshalle tragen die Novizen ihr besonderes Schuhwerk, das sie aber vor der Toilette ausziehen, um barfuß hineinzugehen. Nach Aussage eines befreundeten Mönchs ist die Tempeltoilette so sauber, dass man sich auf dem Fußboden schlafen legen könnte, und es herrscht dort eine so feierliche Atmosphäre, dass sich an diesem Ort auch ein heiliges Ritual vollziehen ließe. Die Toilette sollte ein Raum sein, in dem man innere Ruhe genießen kann; und gleichzeitig auch ein sauberer Raum mit dem rechten Maß an Anspannung. Damit das so bleibt, sollten Sie dort stets für Sauberkeit sorgen.

Die Toilette reinigen

Die Toiletten in Tempeln werden immer gründlich sauber gemacht, aber vor allem in Zen-Tempeln treibt man die Reinlichkeit auf die Spitze. So viele Toiletten es auch gibt, alle werden am Morgen und am Abend gereinigt. Besonders in der Toilette, die von den Novizen benutzt wird, werden der Holzboden und der Toilettensitz mit einem fest ausgewrungenen Putztuch geputzt, und die Fusseln werden mit Papier oder einem Lappen aufgewischt. Und das erste Blatt des Toilettenpapiers wird zu einem Dreieck gefaltet.

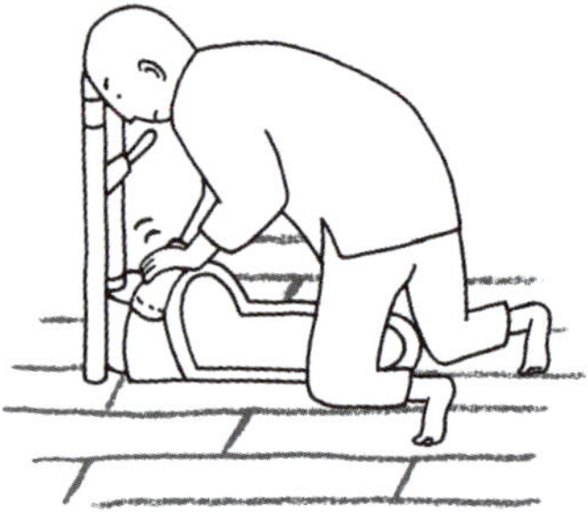

Das Geheimnis der sauberen Toilette ist die Regel: »Benutzen, ohne Schmutz zu machen!« Damit eine Toilette von allen so benutzt wird, dass sie nicht verschmutzt, muss man sie nach jeder Benutzung sauberer verlassen, als sie am Anfang war. Die gleiche Regel gilt auch für öffentliche Toiletten und ähnliche Orte, wo die Verschmutzung umso schlimmer wird, je mehr Menschen sich nicht daran halten.

Badezimmer

Was bedeutet das Badezimmer für Sie? Für viele Menschen ist es der Ort, an dem sie sich von den Strapazen des Tages erholen und am besten relaxen können. Sie waschen den Schmutz des Tages unter der Dusche ab und machen eine Verschnaufpause in der Badewanne.

Im vorhergehenden Abschnitt über die Toilette habe ich erklärt, dass im Zen-Tempel auch das Bad als eine der »drei Übungshallen des Schweigens« besonders wichtig ist. So sind auch hier die Regeln für das Baden festgelegt. Da am Anfang ein älterer Mönch den Novizen bis ins Bad begleitet und ihm dort Anweisungen erteilt, ist man auch die ganze Zeit im Bad angespannt. Übrigens wäscht man sich vor dem Baden im formellen Fersensitz ab. Bevor man ins heiße Wasser steigt, wäscht man sich gut ab;[5] um heißes Wasser zu sparen, benutzt man dazu einen kleinen Holzbottich. Im Tempel ist das Bad so groß, dass es ungefähr zehn Personen auf einmal benutzen können. Dabei gilt, dass das Badewasser, auch nachdem hundert Leute ein Bad genommen haben, so klar wie das Wasser eines Baches sein sollte. Im Bad sollte Ruhe herrschen. Wenn man laut herumplantscht, stört man die Ruhe und verschwendet dazu noch Wasser.

Im Tempel gibt es an Badeutensilien nur den Badebottich. Was man selbst mitbringt, sind Seife und Handtuch. Bevor man das Bad verlässt, sorgt man für Ordnung. Die Badebottiche stellt man wieder zurück an ihren Platz, und die beweglichen Wasserhähne dreht man alle nach der Benutzung in dieselbe Richtung.

An einem solchen Ort, wo man es mit Wasser, der Grundlage des Lebens, zu tun hat, neigt man dazu, seinem wahren Charakter freien Lauf zu lassen. Außerdem ist das Bad genauso wie die Toilette ein Ort, an dem man von nie-

mandem gesehen wird. Deshalb ist es gerade hier wichtig, immer gut zu putzen und sich anständig und rücksichtsvoll zu verhalten. Denn indem man diesen Ort, der bei Vernachlässigung besonders leicht in Unordnung gerät, sorgfältig in Ordnung hält, kommt das Herz von selbst zur Ruhe.

Wenn man im nassen Bad sitzt, wird der Geist trübsinnig. Wenn sich im Badezimmer Schimmel bildet, bildet sich auch im Geist Schimmel. Und wenn man den Körper ungenau säubert, geht der Schmutz des Geistes auch nicht weg. Wenn sich an den Orten mit lebenswichtigem Wasser Schmutz sammelt, verschmutzt auch der eigene Geist bis auf den Grund. Andersherum betrachtet, hat es einen direkten Einfluss auf die Sauberkeit des eigenen Geistes, wenn man sich an den Orten mit Wasser um Sauberkeit bemüht.

»Höchste Güte ist wie das Wasser«, heißt es bei Laozi im 8. Spruch des *Daodejing*. Dieser Spruch besagt, dass die ideale Lebensführung dem Vorbild des weichen und klaren

Wassers folgen sollte. Wo Wasser, die Quelle allen Lebens, benutzt wird, bietet sich Gelegenheit zur Übung. Wir reinigen also das Bad ordentlich, damit wir vom Schmutz des Geistes gereinigt werden!

Das Bad reinigen

Den Fußboden im Bad säubern wir so gründlich, dass man sich mit gutem Gefühl darauf niederlassen kann. Mit einer Topfbürste entfernen wir alle Wasserflecken. Böden aus empfindlichem Material putzen wir mit einem Schwamm. Wenn der Schmutz sich nicht entfernen lässt, verwenden wir Soda.

Wenn man nach dem Saubermachen ein Bad nimmt und ganz entspannt ist, neigt man unwillkürlich dazu, ein Lied vor sich hinzusummen; doch wie wäre es, wenn wir mit derselben Einstellung wie die Novizen in den »drei Übungshallen des Schweigens« schweigend ins Bad steigen würden?

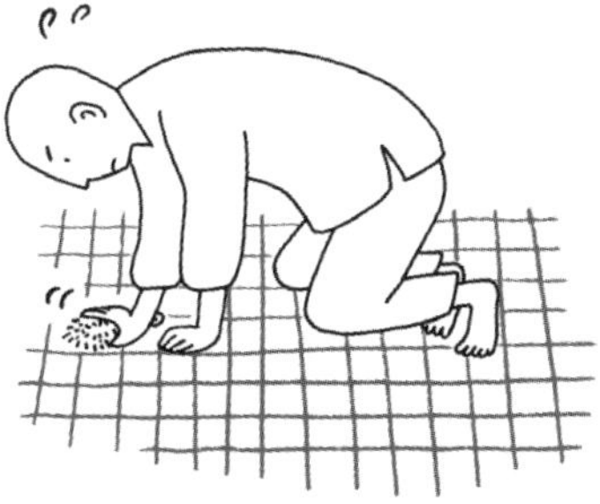

Wäsche

Heutzutage kann man sich nicht mehr vorstellen, Wäsche ohne Waschmaschine zu waschen. Früher hat man das mit Waschzuber und Waschbrett gemacht und Seife und Lauge als Waschmittel benutzt. Heute werden auch in vielen Tempeln Waschmaschinen gemeinsam verwendet, aber Wäschestücke wie *tabi* (s. S. 70), von deren Sohlen der Schmutz beim normalen Waschen in der Maschine nicht abgeht, wäscht man zuerst mit der Hand, um den Dreck zu lösen.

Wenn ein Kleidungsstück schmutzig oder fleckig ist, dann stören diese Stellen, und Sie haben deshalb vielleicht den ganzen Tag keine Ruhe. Sollte das nicht der Fall sein, dann ist das ein Beweis dafür, dass Sie keinen Wert auf eine gepflegte Erscheinung legen. Wer ein blütenweißes Hemd anzieht, fühlt gleich eine gewisse positive Anspannung. Lass uns Flecken und Schmutz entfernen und den Geist frisch und lebendig erhalten!

Übrigens ist die Unterwäsche bei Mönchen weiß. Unter dem schwarzen Mönchsgewand tragen sie weiße Untergewänder, und natürlich muss auch die Unterwäsche weiß sein. Bei der Priesterweihe oder dem Eintritt ins Kloster ist sogar vorgeschrieben, wie die weiße Unterhose geschnitten sein muss.

Ein Argument dafür ist, dass Weiß ein Gefühl der Sauberkeit vermittelt, aber der Hauptgrund für die Wahl der Farbe Weiß besteht darin, dass man überflüssigen Schmuck vermeiden will. Dass die Mönche den Kopf kahl scheren, dass ihre Kleidung und ihr Besitz genau bestimmt sind, dass ihre Verhaltensregeln festgelegt sind, dient dem Ziel, Prunksucht zu beseitigen und sich, so wie man ist, dem Buddhaweg in Demut zuzuwenden.

Tatsächlich weht ein frischer Wind im Herzen, wenn man weiße Unterwäsche trägt. Auch wenn man darüber seine andere Kleidung anzieht, spürt man die weiße Farbe an der Haut. Menschen, die im Allgemeinen keine weiße Unterwäsche tragen, sollten das auf jeden Fall einmal ausprobieren.

Was das Trocknen der Wäsche angeht, so überlassen die vielbeschäftigten modernen Menschen das dem Wäschetrockner, und selbst wenn sie die Wäsche im Freien trocknen lassen, nehmen sie die getrockneten Sachen direkt von der Leine, ohne sie zusammenzufalten. Sicher kann man dadurch Zeit und Mühe sparen. Allerdings führt es zu einer nachlässigen Haltung, wenn man erst diese eine Arbeit spart und dann noch eine und eine weitere weglässt. Deshalb sollten wir die Kraft der Sonne ausnutzen und unsere Wäsche im Freien trocknen. Wenn wir uns umziehen wollen, sollten wir unsere neuen Sachen erst herausholen, nachdem wir zuerst die anderen Sachen am richtigen Platz aufbewahrt haben.

Wäsche gibt es jeden Tag: Waschen, Trocknen, Zusammenlegen, Aufbewahren. Wenn man nur das ordentlich macht, hat man viel Arbeit. Damit es aber nicht ausartet, sollte man auf jeden Fall den Wäscheberg nicht zu groß werden lassen. Bemühen Sie sich, Ihr Pensum unbedingt am selben Tag zu erledigen. Wenn das zur täglichen Gewohnheit wird, kann das Leben einen Rhythmus bekommen, und vor allem lässt sich der Schmutz besser entfernen. Wer die Wäsche vernachlässigt, in dessen Herzen wird sich ein Bodensatz bilden.

Denn was im alltäglichen Leben gewaschen und gespült werden muss, ist nicht allein die Kleidung. Wir müssen uns selbst waschen. Sobald wir ein bisschen nachlässig werden, werden wir schnell faul und vom Staub der Welt beschmutzt.

Praktische Tipps zum Waschen

Da Baumwollstoff leicht Falten bekommt, wenn er nass wird, sollte man ihn nach dem Waschen gleich klopfen, die Falten dehnen und ihn trocknen lassen. Oft kann man Leute sehen, die ihre Baumwollsachen einfach so trocknen, ohne die Fal-

ten zu glätten, und sich sagen: »Es genügt, wenn's trocknet!« Hier kann man nicht davon reden, dass die »Arbeit« des Waschens ordentlich zu Ende gebracht wurde.

Im Tempel gibt es oft Tusche-, Tee- oder Schweißflecken. Tusche- und Teeflecken, die man stellenweise aus Unachtsamkeit macht, lassen sich entfernen, indem man die fleckige Stelle nass macht, einseift und den Fleck durch Reiben löst. Wenn man dann die betreffende Stelle mit Wasser spült, ist man fertig; wenn der Fleck aber noch nicht weggeht, lässt er sich mit alkalischem Soda als natürlichem Weißmacher gut entfernen. Auch vergilbte Stellen oder Schweißflecken lassen sich effektiv beseitigen. Als Weichmacher kann man Essig benutzen.

Im Tempel wird die Wäsche übrigens an einem Platz getrocknet, den man von außen nicht einsehen kann. Damit man sich vor Besuchern nicht zu schämen braucht, hängt man die Wäsche auf der Rückseite an einem Platz mit guter Belüftung auf.

Sammeln Sie keine Wäscheberge. Waschen Sie auch kleine Mengen täglich, und trocknen Sie sie gleich. Wenn man sich danach richtet, sieht es im Haus ordentlich aus, und man braucht weniger Kleidungsstücke.

Bügeln

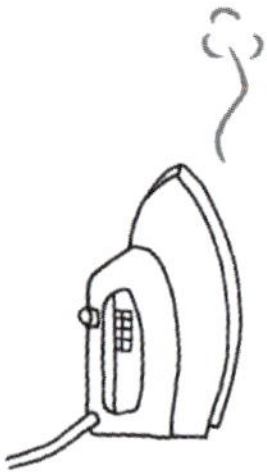

Kleidungsstücke, die man jeden Tag anzieht, sollten keine Falten haben. Auch die weißen Untergewänder, die wir Mönche und Priester unter unseren Roben tragen, sollten sauber und gut gebügelt sein. Dann ist das Herz frisch und klar. Falten sind auch ein Zeichen des Alters. Es gibt jedoch alte Mönche, die in ihren Achtzigern und Neunzigern noch gesund und aktiv sind und jugendlich aussehen, weil sie nicht nur im Herzen, sondern auch äußerlich wenig Falten haben. Denn wie es in der buddhistischen Maxime »Körper und Geist sind eins« zum Ausdruck kommt, spiegelt der Körper den Geist und der Geist den Körper.

Bügeln sollten wir mit dem Gefühl, unsere innere Frische und Jugendlichkeit zu bewahren. Und natürlich legen wir die gebügelte Kleidung ordentlich zusammen, damit sich keine neuen Falten bilden.

Praktische Tipps zum Bügeln

Wir bügeln sorgfältig mit dem Gefühl, die Falten des Herzens zu glätten.

Nebenbei möchte ich Ihnen einen Tipp zu einer besonderen Verwendung des Bügeleisens geben: Wenn Sie Wachstropfen (von Kerzenwachs) auf dem Boden haben, legen Sie Zeitungspapier oder dünnes Japanpapier darauf und stellen Sie das heiße Bügeleisen auf das Papier. Dann geschieht etwas Erstaunliches! Das Wachs verschwindet vollständig.

Das Entfernen von Wachsflecken aus der Kleidung funktioniert genauso einfach: Legen Sie das Papier auf den Fleck, und gehen Sie danach mit dem Bügeleisen langsam über die Stelle – das Wachs löst sich automatisch auf und wird vom Papier aufgesogen.

Kleiderwechsel

Wie ich höre, nimmt die Zahl der Menschen zu, die ihre Kleider gar nicht wechseln. Das dürfte folgende Gründe haben: Es gibt Kleidung, die man das ganze Jahr über tragen kann, und mehr billige Sachen, die man je nach Saison kauft. Vielleicht ist es praktisch, wenn man sich die Mühe des Kleiderwechsels sparen kann. Wie der Großputz hat jedoch auch der Kleiderwechsel einen Hintergrund, der über das rein Praktische hinausgeht. Er bedeutet nämlich, dass man als jahreszeitliches Ritual einen »Kleiderwechsel des Herzens« vollziehen kann. Wenn man keinen Kleiderwechsel macht, dann versäumt man die wichtige Gelegenheit zu einer inneren Veränderung.

Der Kleiderwechsel ist ein Ritual zum Abschluss einer Jahreszeit. Wir danken den Sachen, die uns bis jetzt gedient haben, und mit einem Gefühl der Dankbarkeit waschen wir sie gut oder lassen sie reinigen. Wir sollten uns nicht sagen: »Ich kann sie ja nächstes Jahr waschen, wenn ich sie wieder anziehen will«, und sie dann in schmutzigem Zustand wegräumen. Um sie in der nächsten Saison mit gutem Gefühl anzuziehen, sollten wir uns peinlich genau an die Grundregel beim Saubermachen im Tempel halten: »Nichts auf morgen verschieben!«

In unserer Welt gibt es verschiedene Priestergewänder für den Winter und den Sommer, und im Honganji-Zweig der Jôdoshinshû-Schule sind der 1. Juni und der 1. Oktober als Tage für den Kleiderwechsel festgelegt. Vor dem Wechseln werden die Gewänder zuerst gewaschen. Weil der Geruch haften bleibt und auch die Insekten den Stoff lieber fressen, wenn man sie mit Schweißflecken

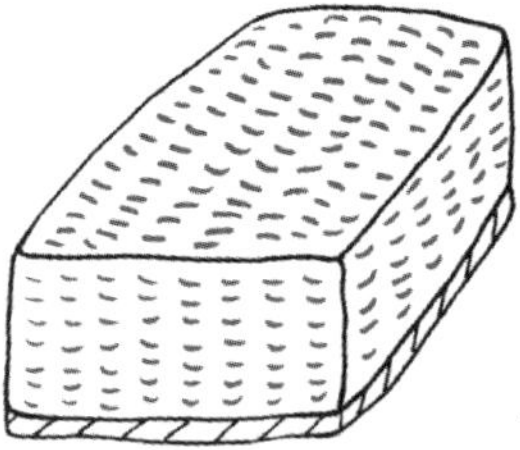

oder in verschmutztem Zustand wegräumt, werden sie ordentlich gewaschen und im Freien getrocknet.

Bei dieser Gelegenheit werden die Gewänder auch geflickt. Da sich die Bänder an den Knoten abnutzen oder Kragen und Saum ausfransen, wenn man die Gewänder lange Zeit trägt, werden sie vor dem Aufräumen sorgfältig kontrolliert.

Nach all diesen Arbeitsschritten kann man das Gewand nun aufbewahren. Zunächst besorgt man noch ein Insektenmittel. Im Tempel benutzen wir im Allgemeinen natürliche Mittel ohne Geruch oder mit gutem Duft, wie man sie bei einem Weihrauchhändler alten Stils bekommt, wie zum Beispiel Kampherkugeln oder Mottenmittel, die aus der japanischen Zypresse (*hinoki*) gewonnen werden.

Als Kleidertruhen sind solche aus dem Holz der Pawlonie (Kaiserbaum, jap. *kiri*) zu empfehlen. In manchen Tempeln ist man der Meinung, dass man in solchen Truhen kein Insektenmittel braucht, weil das Holz die Insekten abweist. Natürlich sind *kiri*-Möbel nicht gerade billig, und deshalb braucht man zur Anschaffung etwas Mut, aber gute Produkte sind dafür auch langlebig. Sie als Möbelstück zu erwerben, das über Generationen hinweg benutzt werden kann, ist sicher keine schlechte Idee.

Im Kômyôji-Tempel lebt auch die Mutter des Hauptpriesters, eine alte Dame, die beim jährlichen Kleiderwechsel ihre tiefen Gefühle zum Ausdruck bringt: »Auch dieses Jahr haben wir diese Arbeit wieder gut geschafft!« Daraus spricht große Dankbarkeit zum Abschluss einer Jahreszeit. Da gibt es auch einen Wechsel im Herzen, den nur die Menschen kennen, die einen Kleiderwechsel machen.

Kleidung wechseln

Vielleicht meinen Sie, dass *kiri*-Truhen nur zur Aufbewahrung traditioneller Kimonos da sind, aber man kann sie natürlich auch für westliche Kleidung benutzen. In zahlreichen Tempeln hat man noch *kiri*-Truhen, die seit Generationen verwendet werden, denn sie sind wirklich sehr lange haltbar.

Beim Kleiderwechsel im Kômyôji benutzen wir im Allgemeinen Insektenmittel, die wir uns von einem traditionsreichen Fachgeschäft aus Kyôto schicken lassen.

Essgeschirr

Das Essgeschirr im Tempel ist einfach. Das schmucklose Geschirrset umfasst nur so viele Teile wie nötig und wird jahrzehntelang benutzt. Dazu gehören Keramik- und Lackschalen. Auch wenn es etwas mehr kostet, wählt man Geschirr aus, das sich gut benutzen lässt. Solche Sachen sind haltbar, und wenn einmal etwas kaputtgehen sollte, kann man das notwendige Stück nachkaufen, weil gute und bewährte Ware immer vorrätig ist.

Ohne Nahrung zu sich zu nehmen, kann der Mensch nicht leben. Da es sich beim Essgeschirr, in das man diese Nahrung füllt, um die wertvollen Gefäße für diese lebensnotwendige Nahrung handelt, wird es sorgfältiger behandelt als alle anderen Gerätschaften.

Im Zen-Kloster hat jeder Mönch ein eigenes Geschirrset (aus lackierten Holzschalen), das als *ôryôki* oder *jihatsu* bezeichnet und bei den streng geregelten, rituellen Mahlzeiten benutzt wird. In der Jôdoshinshû-Schule kennt man ein solches Set von Essschalen nicht, aber wir bewundern die Zweckmäßigkeit dieses Geschirrs. Zum *ôryôki*-Set gehören sechs Schalen, Essstäbchen und ein Holzlöffel, die zusammen mit einem Geschirrtuch in ein kleines Einwickeltuch (*fukusa*) gehüllt werden. Vor der Mahlzeit nehmen die Mönche die Schalen aus dem Tuch, reihen sie vor sich auf dem Tisch auf und warten schweigend darauf, dass das Essen aufgetragen wird. Jedes Mal werden drei Schalen benutzt, die verschieden groß sind. Die größte äußere Schale heißt *zuhatsu* und soll den Kopf Buddhas symbolisieren. Deshalb wird sie besonders respektvoll behandelt.

Wenn der Mönch, der das Essen bringt, auf seiner Runde an meinen Platz kommt, mache ich *gasshô* (s. S. 38), halte ihm nacheinander drei Schalen hin, um Reis, Suppe und eingelegtes Gemüse (*tsukemono*) in Empfang zu nehmen. Der Essbereich ist eine der »drei Hallen des Schweigens«. Ohne ein Wort zu sprechen, nehmen wir die Mahlzeit in aller Stille zu sich. Reis ist eine Gabe der Natur. Deshalb ist es natürlich nicht gestattet, sich zu viel zu nehmen oder etwas übrig zu lassen. Man nimmt sich nur so viel, wie man braucht, und signalisiert dem auftragenden Mönch, dass man genug hat.

Zum Säubern des Geschirrs benutzen wir die sogenannte *hassetsu*, eine Art flache, weiche, kleine Bürste an einem kurzen Holzstiel, mit der wir am Ende der Mahlzeit die Essensreste in den Schalen der Reihe nach von der größten bis zur kleinsten mit dem zuletzt gereichten Tee abwischen. Anschließend wird das Essgeschirr mit heißem Wasser gereinigt, und wenn wir dann zuletzt auch dieses Wasser getrunken haben, ist alles ganz sauber. Feuchte Stellen auf dem Essgeschirr werden mit dem Geschirrtuch abgewischt.

Im Zen-Tempel aus Versehen beim Essen etwas auf den Boden fallen zu lassen, ist ein so schwerer Verstoß, dass der »Sünder« durch die Halle bis zum Platz der älteren Mönche gehen und sich bei ihnen entschuldigen muss. Wer etwas fallen lässt, der geht unachtsam mit dem Geschirr und der Nahrung um. Die Essschalen werden stets aufmerksam mit beiden Händen gehalten. Die Bewegungen beim Essen besitzen von sich aus eine funktionelle Schönheit. In den Gesten kommt zum Ausdruck, wie sorgsam man jeden einzelnen Gegenstand behandelt. Wie wäre es, wenn auch Sie versuchten, das im alltäglichen Leben zu praktizieren?

Es gibt einen Zen-Spruch, in dem eine solche Tradition zum Ausdruck kommt: »Auch ein einzelner Tropfen Wasser am Boden des Bambusschöpflöffels wird zum Wasser, das das Leben von 100 Milliarden nährt.« Das bedeutet, dass ein einzelner Wassertropfen im eigenen Leben zum Anlass wird, das eigene Bewusstsein für etwas Größeres zu öffnen.

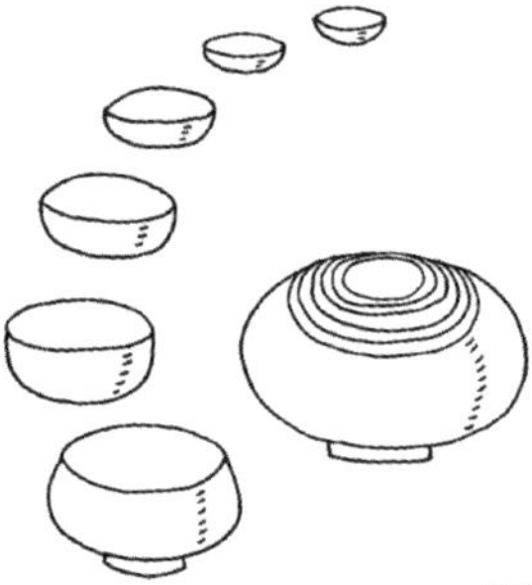

Es geht darum, alles Unnütze abzustreifen, um die Unreinheit des Herzens loszuwerden.

Wenn wir im Tempel Gäste empfangen, essen sie aus normalem Geschirr, das danach abgewaschen werden muss. Wir benutzen dabei Spülmittel in geringer Menge und auch Soda, um Küchengerätschaften sowie Schneidebretter weiß zu machen. Aus Rücksicht auf Umwelt und Gesundheit verwenden wir möglichst naturfreundliche biologische Mittel.

Beim Essgeschirr handelt es sich um Gefäße, die das Leben erhalten. Behandeln wir es mit Sorgfalt!

Umgang mit Essgeschirr

Ôryôki:
In der Regel nimmt man alle Mahlzeiten des Tages aus diesen sechs Schalen zu sich. Da sie alle verschieden groß sind und allmählich etwas größer werden, passen sie perfekt ineinander und lassen sich gut verstauen.

Was zu einem *ôryôki*-Set gehört:

Ein *ôryôki*-Set besteht im Allgemeinen aus sechs ineinanderpassenden, schwarz lackierten Holzschalen, zwei Essstäbchen, einem Holzlöffel, einer kleinen *hassetsu*-Bürste mit einem passenden kleinen Beutel für diese drei kleinen Holzobjekte; und ferner einer Serviette und einem Abwischtuch, die alle ordentlich in ein Einwickeltuch (*fukusa*) gehüllt werden.

Reparatur

Jeder Gegenstand, der gebraucht wird, wird auch abgenutzt. Und oft ist es nicht so, dass die Dinge sich nur an einer bestimmten Stelle abnutzen und wieder gebraucht werden können, wenn man einfach diese Stelle repariert. Zum Leben im Tempel gehört es, mit den Dingen achtsam umzugehen, und die Grundlage dafür besteht darin, die Dinge zu reparieren und erneut zu benutzen. Bei den Zen-Mönchen im Eiheiji-Tempel sind die Vierer- und die Neuner-Tage jene Tage, an denen sie ihre Sachen in Ordnung bringen und zum Beispiel ihre Kleidung flicken. Diese Tage nennt man »Vier-Neun-Tage«. Vielleicht könnte man sich auch in normalen Familien regelmäßig an diesen »Vier-Neun-Tagen« Zeit für die Instandhaltung des Hauses und der Gegenstände nehmen?

In jüngster Zeit ist die Welt überflutet mit gleichen und ähnlichen Sachen, und es ist sehr einfach, Ersatz zu finden. Deshalb denken viele Leute, es gehe schneller und sei billiger, etwas Neues zu kaufen, als etwas Kaputtes zu reparieren. Wenn man jedoch so lebt, geht man schließlich nicht nur mit den Dingen, sondern auch mit den menschlichen Beziehungen auf diese Weise um. Und irgendwann ermüdet das Herz.

Wer sein Leben so führt, dass er die einzelnen Dinge bis zum Ende ihrer Lebensdauer sorgsam pflegt und vorsichtig mit ihnen umgeht, wird nicht nur seinen Umgang mit den Dingen ändern, sondern auch seinen Umgang mit den Menschen. Dann wird auch das Herz wieder Ruhe finden.

Statt immer Neuem hinterherzujagen, sollten wir lange mit den Dingen zusammenleben. Führen wir auf Dauer ein solches Leben, gehen wir auch achtsam mit den Menschen in unserer Umgebung um. Das kommt ganz von selbst. Wenn wir die Schäden an den Dingen reparieren, heilen auch die Beschädigungen in den menschlichen Beziehungen.

Wenn man die Dinge nicht mehr so gut reparieren kann, dass sie ihrem eigentlichen Zweck dienen können, dann sollten wir Mittel und Wege suchen, um eine neue Verwendung für sie zu finden. So lässt sich ein stark tropfender Holzeimer vielleicht als Blumentopf verwenden. Und aus zwei unbrauchbaren Bambusbesen kann man ein Steckenpferd basteln.

Eine Lebensweise, bei der wir immer nur ungebremst neuen Dingen hinterherhetzen, ist eine Lebensweise, die uns zu Sklaven unserer Begierden macht. Doch gerade der Mensch, der nur eine begrenzte Zahl von Dingen besitzt und sie einfallsreich nutzt, kennt die wahre Freiheit des Herzens.

Reparaturtipps

Keramik und Geräte

Risse in Keramiken können wir von Spezialisten professionell herrichten lassen. Dabei werden die Bruchstellen mit *urushi*-Lack zusammengefügt, und der Lack wird anschließend mit Gold- oder Silberstaub überzogen.

Bei Töpfen, Pfannen und Wasserkesseln sollten wir ab und zu die Schrauben anziehen und sie flicken lassen, wenn sie kaputtgehen.

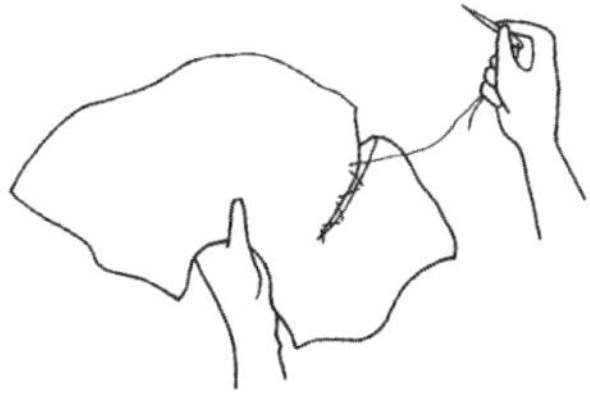

Kleidung

Je besser uns ein Kleidungsstück gefällt, desto schneller wird es schadhaft, weil wir es umso öfter anziehen. Wir können aber zwei löchrige Kleidungsstücke stopfen und flicken, um daraus ein schönes Einzelstück zu machen. Sobald Socken (bei Mönchen *tabi*) Löcher bekommen, flicken wir sie.

Bücher

Oft gelesene Buchseiten sind bald beschädigt, aber dünne, abgenutzte Seiten können wir restaurieren und die Bücher weiter benutzen. Kleinere Schäden an Büchern lassen sich mit Klebeband beheben; bei größeren Schäden sollten wir die Bücher zum Buchbinder bringen.

Luftreinigung

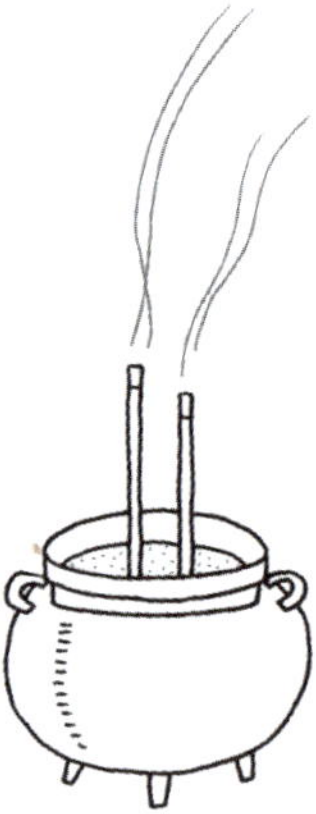

Viele Leute empfinden den Weihrauchduft im Tempel als beruhigend. Tempelhallen sind stets von Weihrauchduft erfüllt. Dieser Duft kommt umso mehr zur Wirkung, weil dort nichts Überflüssiges herumsteht und die Räume stets sauber gehalten werden.

Die Grundlage der Luftreinhaltung ist eine optimale Belüftung. Wichtig ist, dass der Wind gut durchziehen kann, denn wir leben in dem Wind, der jetzt weht, und sollten ein Gefühl für den Moment haben.

Wenn man sich das zur Gewohnheit macht, hat man im Herzen stets ein klares und frisches Gefühl, und die Unruhe lässt nach.

Die Luft reinigen

Natürliche Luftreinigungsmittel wie Holzkohle oder grüner Tee sind eine Voraussetzung dafür, dass es im Tempel so gut riecht.

Binchôtan, eine besondere Art japanischer Holzkohle, sieht gut aus, und weil sie im Notfall auch als Brennmaterial gebraucht werden kann, sieht man sie in vielen Tempeln liegen. Berühmt ist die *Binchôtan*-Holzkohle aus den Präfekturen Wakayama und Tosa.

Schön geformte Holzkohle für den Zimmergebrauch lässt sich zudem gut mit Blüten oder Früchten der Saison kombinieren.

Außerdem ist es im Tempel üblich, die Reste von Tee und Kaffee, die man den Gästen serviert hat, zu trocknen und in den Schuhschrank oder die Toilette zu legen.

Maßnahmen gegen Schimmel

Warum bildet sich Schimmel? Weil Schimmel lebendig ist, sucht er sich Stellen, an denen er gut leben kann. Schimmel liebt Orte mit wenig Sonnenlicht, schlechter Belüftung und viel Feuchtigkeit.

An Plätzen, an denen sich kein einziges Ding befindet, bildet sich auch kein Schimmel. Das gilt für jedes beliebige Zimmer. Wenn es in einem Raum zu viele Sachen gibt und keine Ordnung gehalten wird, werden Sonnenlicht und frische Luft blockiert, und die Feuchtigkeit staut sich. So schafft man ein Milieu, in dem sich Schimmel bilden kann. Ein Übermaß an Dingen sowie Unordnung sind Anzeichen für geistige Unkonzentriertheit. Mit anderen Worten ist die Bildung von Schimmel ein Zeichen dafür, dass sich im Geist ein »verschwenderischer Schimmel«[6] gebildet hat. Grundlage der Schimmelbekämpfung ist es, nichts zu besitzen, auf dem sich leicht Schimmel bildet, und wichtig ist auch, dem Schimmel keine Möglichkeit zum Entstehen zu geben.

Deshalb sollten wir keine überflüssigen Dinge besitzen und nichts Unnötiges herumstehen lassen. Wir sollten gründlich für Sauberkeit und Ordnung sorgen und alle Geräte nach Gebrauch unbedingt trocknen. Besonders wichtig ist auch, die Dinge, die im Haus mit Wasser in Berührung kommen, gut auszuwählen und Feuchtigkeit und Nässe zu beseitigen. Achten Sie darauf, dass nirgends feuchte Stellen entstehen und keine Bedingungen, unter denen sich Schimmel bilden kann, geschaffen werden.

In jüngster Zeit kommt es oft vor, dass in dicht geschlossenen Gebäuden mit Klimatisierung an den Fenstern Wassertropfen kondensieren und sich deshalb Schimmel bildet. Wischen Sie die Fenster gründlich ab, und beseitigen Sie die Feuchtigkeit. Man kann all diese Maßnahmen gegen Schimmel ergreifen, ohne Desinfektionssprays benutzen zu müssen.

Räume mit »verschwenderischem Schimmel« sind schlecht für unseren Körper und unser Herz. Lasst uns Nässe und Trübsinn restlos abstreifen und stets für Reinheit sorgen!

Praktische Maßnahmen gegen Schimmel

Eiserne Regel 1 zur Schimmelbeseitigung:
Nichts besitzen, was wir nicht brauchen.

Eiserne Regel 2 zur Schimmelbeseitigung:
Gut lüften und Nässe abwischen.

Damit sich im Geist kein »verschwenderischer Schimmel« ansetzt, sollten wir als Erstes für ein Milieu sorgen, in dem sich kein Schimmel bilden kann. Wenn wir nicht zu viele Sachen besitzen und stets für Ordnung und Sauberkeit sorgen, wird auch das Herz gut gelüftet.

KAPITEL 2

DIE REINIGUNG DER ZIMMER

Fußboden

Beim Putzen des Tempels ist das Aufwischen des Fußbodens die Basis aller Reinigungsarbeiten. In einem Tempel, in dem zahlreiche Novizen in Ausbildung sind, werden an allen 365 Tagen des Jahres die Korridore sauber gemacht. Da sie jeden Tag so gründlich geputzt werden, sind die Korridore stets schön sauber, und die Holzböden eines viele hundert Jahre alten Tempels haben eine tiefschwarze Oberfläche mit einer so feinen Maserung wie eine Versteinerung und wirken sogar transparent.

Besucht man einen gut gepflegten Tempel, bleiben die Sohlen der *tabi* ganz weiß, auch wenn man dort noch so viel herumspaziert. Sie werden garantiert nicht schwarz. Es gehört zur Übungspraxis der Mönche, den geputzten Boden noch zu polieren. Unabhängig davon, ob er schmutzig ist oder nicht, wird der Boden täglich aufgewischt. Beim Aufwischen wird das eigene Herz gereinigt.

In einem normalen Haushalt geht es vielleicht zuerst darum, den Schmutz zu entfernen; aber wenn der Boden einmal sauber ist, dürften sich viele fragen, was für einen Sinn es ergibt, einen sauberen Boden zu wischen. Tut man das jedoch täglich, kann man tatsächlich spüren, dass man dadurch das eigene Herz reinigt.

Auch in unserem Inneren sammelt sich Schmutz. Und wenn der Geist in Verwirrung gerät, zeigt sich das direkt in der Unordnung der Räume. Wenn man beim Aufwischen Schmutz auf dem Boden findet, kann man sehen, dass die

Verwirrung des Geistes nach außen ausstrahlt. Umgekehrt kann man lernen, den Geist zu beherrschen, indem man seine Umgebung in Ordnung bringt.

Selbstverständlich sammelt sich in einem Haus, in dem man nicht putzt und alles herumliegen lässt, Staub an. Im Herbst wirbeln die Blätter neben der Stelle, an der man gerade gefegt hat, wieder auf die Erde. So ist es auch mit dem menschlichen Geist. Von dem Augenblick an, in dem man glaubt, ihn schön poliert zu haben, beginnt sich wieder Schmutz zu sammeln. Das Haften an der Vergangenheit und die Angst vor der Zukunft erfüllen unseren Kopf, und der Geist entfernt sich vom Moment des »Jetzt«.

Daher verwenden wir Mönche so viel Energie für das Aufwischen des Fußbodens. Denn das Putzen ist eine Praxis, sich auf das »Jetzt« zu konzentrieren. Das ist auch ein Grund dafür, warum wir so viel Wert auf die Sauberkeit der Räume legen.

Der Jissô-in in Kyôto ist berühmt als der Tempel, in dem man die »Herbstfärbung des Bodens« genießen kann, weil sich die Färbung der Bäume im Holzboden spiegelt. Wenn man den Boden so gut poliert, glänzt er schwarz und wirkt sogar wie ein Spiegel. Könnten nicht auch Sie zu Hause den Boden mit dem Gefühl putzen, einen Spiegel zu polieren, der Ihren Geist reflektiert?

Den Fußboden aufwischen

Vor dem Aufwischen sollte man den Boden mit dem Besen fegen. Danach wischen Sie mit einem Putztuch, das Sie in einem Eimer mit Wasser ausgewaschen und fest ausgewrungen haben, zügig auf. Dabei benutzen Sie kein Putzmittel. Den Boden müssen Sie anschließend nicht trocknen. Da ein kräftig ausgewrungenes Putztuch fast keine Feuchtigkeit mehr enthält, wird der Boden unmittelbar nach dem Aufwischen wieder trocken.

Beim Bodenputzen denken wir nichts Unnötiges und konzentrieren uns im natürlichen Zustand des Geistes auf unsere Arbeit. Wenn wir allein arbeiten, beobachten wir uns selbst; wenn wir in einer Gruppe arbeiten, verlieren wir die Aktivität der anderen nicht aus den Augen und sind uns gleichzeitig der gesamten Aktion und unserer eigenen Rolle dabei bewusst.

Gästezimmer und Tokonoma

Seit der Edo-Zeit (1603–1867) hat die Tokonoma, die traditionelle Zimmernische, Einzug in normale Häuser gehalten und wird als Wahrzeichen des Wohn- und Gästezimmers im japanischen Stil (*washitsu*) geschätzt. In der Tokonoma hängt ein Rollbild an der Wand. Darunter stehen eine Blumenvase und ein Räuchergefäß. In größeren Räumen gibt es neben der Tokonoma ein kleines Wandregal, auf dem ein schlichtes Schmuckobjekt platziert wird. Das ist die Grundform der Tokonoma. In der Tokonoma werden die vier Jahreszeiten inszeniert; sie ist das »Gesicht« des Raumes, in dem man seine Gäste empfängt.

Im Tempel ist das Gästezimmer mit der Tokonoma ein Ort, auf den wir mit besonderer Sorgfalt achten. Auch Stellen, die kaum sichtbar sind, wie die Leisten der Papierfenster (*shôji*) und die Wandschränke hinter den Schiebetüren (*fusuma*) werden beim Saubermachen nicht ausgelassen. Es kommt vor, dass ein Gast aufsteht und den Raum bis in den letzten Winkel überblickt, aber auch wenn er dabei nichts sehen kann, spürt er den Schmutz und die Unordnung in der Atmosphäre des Raumes. Man hat manchmal das Gefühl, dass das Durcheinander im Wandschrank auf die Luft im Raum ausstrahlt. Natürlich werden auch die Stellen geputzt, an die man nicht so leicht kommt, wie zum Beispiel die dekorativen Holzleisten über den Schiebetüren (*ranma*).

Wenn man mit dem Putzen fertig ist, kontrolliert man den Raum bis in den letzten Winkel. Liegt noch irgendwo Schmutz oder Staub? Steht etwas Überflüssiges herum? Ist alles ordentlich aufgestellt? Da hier Gäste empfangen werden, darf auch sonst nichts fehlen. Ist genügend Tee und Gebäck vorbereitet; ist in der Thermoskanne heißes Wasser; reicht die Zahl an Sitzkissen und so weiter – das alles muss überprüft werden.

Das Ziel ist dabei stets, dass der Gast während seines Besuchs eine angenehme Zeit verbringen kann. Mit unserer Gastfreundschaft wollen wir erreichen, dass der Gast sich später mit freudigem Gefühl an alles erinnert, was er hier erlebt hat. Unserer Meinung nach besteht der optimale Empfang in einem Tempel darin, den Raum so gut vorzubereiten, dass der Gast, der uns mit seinem Anliegen aufsucht, durch

nichts Überflüssiges abgelenkt wird und sich unbesorgt auf das Gespräch konzentrieren kann. Ist der Raum staubig und sind am Fenster Fingerspuren zu sehen, kann der Geist davon beeinflusst werden, und dann wird es schwierig, gut ins Gespräch zu kommen.

Deshalb meidet man beim Schmücken der Tokonoma nach Möglichkeit Objekte von prunkvoller oder ausgefallener Art. Man wählt Dinge von schlichter Schönheit und einer gewissen Leichtigkeit. Wünschenswert sind Dinge, die den Geist des Besuchers beruhigen.

Ein bekannter Zen-Spruch lautet: »Lass uns Tee trinken!« Wir möchten den Menschen, die hierherkommen, einen Empfang bereiten, bei dem man sich von allein näherkommt.

Die Tokonoma sauber machen

Zuerst wischen wir die Tokonoma mit einem trockenen Tuch und danach mit einem feuchten Tuch auf. Wenn man mit vollem Eifer poliert, kann man allein mit einem trockenen Tuch die Tokonoma zum Glänzen bringen. Zuletzt schmücken wir die Tokonoma mit einem Rollbild und einfachen Blumen.

Zimmer mit Hausaltar

Manchmal werde ich als buddhistischer Priester gerufen, um in einem normalen Haushalt die Sutren zu lesen. Wenn ich bei der Familie ankomme, werde ich vom Eingang über den Hausflur durch das Wohnzimmer in den Raum mit dem buddhistischen Hausaltar (*butsudan*) geführt. In manchen Häusern geht es auch direkt vom Eingang ins Zimmer mit dem Hausaltar.

Natürlich sind die einzelnen Häuser verschieden gebaut, aber leider ist vielen Haushalten gemeinsam, dass der Buddha nicht geachtet wird. Im schlimmsten Fall steht mitten in dem Raum mit dem Hausaltar ein riesiger Hometrainer wie verstaubtes Gerümpel herum, und das Zimmer ist ganz und gar zu einer Rumpelkammer geworden. Das enttäuscht mich sehr.

Haben Sie zu Hause einen buddhistischen Hausaltar? Wie das Wort besagt, ist dies der Ort, an dem der Buddha verehrt wird. Manche Leute denken, am Hausaltar würden die Vorfahren verehrt werden, aber in Wirklichkeit wird hier der Buddha zusammen mit den verstorbenen Vorfahren verehrt.

Der buddhistische Hausaltar ist der kleine Tempel im Haus. Es ist ein Ort, an dem Sie den Buddha bei sich zu Hause willkommen heißen, Ihre Dankbarkeit zum Ausdruck bringen und Ihr Herz einen Halt findet. Wenn der Platz in einer Mietwohnung begrenzt ist, können Sie zum Beispiel ein einzelnes Wandbrett zum Hausaltar machen.

Bringen Sie zu einer bestimmten Zeit morgens oder abends dem Buddha ein kleines Speiseopfer, den »Buddhareis« (jap. *buppan*)[7], dar, und legen Sie dazu die Hände anbetend zusammen, dann werden Sie den Tag in friedlicher Stimmung verbringen.

Betrachten wir den häuslichen Altar als Tempelhalle, so ist der Raum mit dem Altar der Tempelbezirk. Wenn dieser Raum verschmutzt und unordentlich ist, gerät das ganze Leben in Unordnung. Sehen wir den häuslichen Altar und den Raum mit dem Altar als Tempelanlage, und bemühen wir uns, diesen Raum stets noch sauberer als die anderen Zimmer zu halten.

Den Raum mit dem buddhistischen Hausaltar reinigen

Das Zimmer mit dem Altar sollte schlicht wie ein Gästezimmer eingerichtet und sorgfältig sauber gehalten werden. Es sollte ein Ort sein, an dem wir den Buddha in Ruhe verehren können.

a. Räuchergefäß
Mit dem »Aschestreicher«, einem kleinen Gerät aus Metall, streicht man die Asche ordentlich glatt. Sobald die Asche der verbrannten Räucherstäbchen alt geworden ist, säubert man sie mit einem Aschesieb. Wenn die Asche wieder fein und locker ist, können die Räucherstäbchen bis ganz unten abbrennen.

b. Buddhastatue und Totentäfelchen
Mit Blattgold verzierte Statuen oder Teile davon sollte man weder mit den Händen anfassen noch mit einem Tuch abwischen, sondern den Staub mit einem kleinen Federwedel abstreifen.

c. Altar und buddhistisches Altargerät
Das ist eine sehr delikate Angelegenheit. Buddhistisches Gerät aus Lack oder Metall wischt man sanft mit einem weichen Tuch ab. Da die Farbe abgeht, wenn man ein har-

tes Tuch oder ein Poliermittel verwendet, sollte man das vermeiden. Zu empfehlen ist die Benutzung von speziellen Tüchern für Hausaltäre. Ist es allerdings nötig, den Hausaltar gründlich zu überholen – dazu sagt man in Japan *butsudan no osentaku*, »den Hausaltar waschen« –, sollte man einen Fachbetrieb damit beauftragen.

Papierschiebewände (shôji)

Das Ausbessern der Papierschiebewände gehört zu den Arbeiten im Tempel. Es kommt nämlich oft vor, dass Tempelbesucher und da vor allem Kinder aus Unachtsamkeit Löcher ins Papier machen. Die beschädigten Stellen werden schnell wieder neu bespannt, damit es so ordentlich wie zuvor aussieht.

Aber auch wenn die *shôji* keine Löcher bekommen, werden sie im Lauf der Zeit schmutzig. Da *shôji* mit Papier bespannt sind und nicht mit einem Putztuch gesäubert werden sollten, muss das Papier regelmäßig ausgetauscht werden. Das geschieht im Tempel zum Wechsel der Jahreszeiten.

In jüngster Zeit verwendet man überall immer mehr Wegwerfprodukte. Dann darf man allerdings nicht darauf hoffen, dass sich bei einer solchen Lebensweise ein Gefühl der Dankbarkeit gegenüber den Dingen entwickelt.

Man kann ganze *shôji* nicht einfach ständig neu kaufen, und so etwas Praktisches wie »reißfestes *shôji*-Papier« existiert auch nicht. Im Hinblick auf unsere moderne Lebensweise sind *shôji* also eher etwas Lästiges. Ohne regelmäßiges Ausbessern kann man sie nicht erhalten. Aber gerade aus

diesen Unannehmlichkeiten können wir in modernen Zeiten lebenden Menschen viel lernen. Durch den Umgang mit *shôji* begreifen wir, wie viel Mühe mit der Herstellung der Gerätschaften für unseren Alltag verbunden ist. Wenn wir das *shôji*-Papier erneuern, lernen wir, sorgsam damit umzugehen. Von den Dingen, die wir mit unseren eigenen Händen eifrig pflegen, strahlt so etwas wie menschliche Wärme auf den Raum aus. Menschen in einem solchen Raum spüren die Sorgfalt des Besitzers und werden dadurch beruhigt.

Shôji neu zu bespannen, ist eine gute Gelegenheit, um zu erfahren, wie man die eigene Wohnung instand hält. Auch Kinder sollte man dabei helfen lassen. In die selbst ausgebesserten *shôji* werden sie dann keine Löcher mehr machen.

Wie beklebt man Shôji?

Früher war es üblich, schadhafte *shôji* mit besonderem *shôji*-Papier, das man sich aus Rollen von *shôji*-Papier (von etwa 28 cm Breite, aus stabilem Minô-Japanpapier) zurechtschnitt, neu zu bespannen. In jüngster Zeit benutzt man häufiger einzelne, große *shôji*-Papierbögen.

1. Die mit *shôji*-Papier bespannten Gitterstreben werden mit einem nassen Schwamm oder Tuch befeuchtet, damit sich der Leim löst und man das Papier langsam abziehen kann.

2. Die Gitterstreben macht man ordentlich sauber und lässt sie gut trocknen.
3. *Shôji*-Papier in passender Größe wird mit Klebeband auf der Ausgangsstrebe befestigt; die Gitterstreben werden mit einem Flachpinsel gleichmäßig mit Reisstärkeleim bestrichen. Bevor der Leim trocknet, wird das *shôji*-Papier abgerollt und auf das Gitter geklebt.
4. Zuletzt wird das überstehende *shôji*-Papier mit einem Papierschneidemesser abgeschnitten, und die neue Bespannung ist fertig.

Beleuchtung

Es ist schwierig, Lampenschirme, die hoch oben an der Decke hängen, jeden Tag sauber zu machen. Auch wir Mönche putzen die Lampen nicht täglich. Da sie außer Reichweite sind, ist zu empfehlen, einen Tag für ihre Reinigung zu bestimmen. Wenn man einen solche Tag für das Saubermachen von schwer zu erreichbaren Stellen festlegt, wird keine Stelle übersehen, und so halten wir alles immer sauber. Im Zen-Tempel Eiheiji sind die Dreier- und die Achter-Tage für das Saubermachen solcher Stellen bestimmt, an die man nicht täglich kommt. Meistens benötigt man dabei zum Putzen mehrere Leute, und es ist besser, sich von den anwesenden Familienmitgliedern helfen zu lassen.

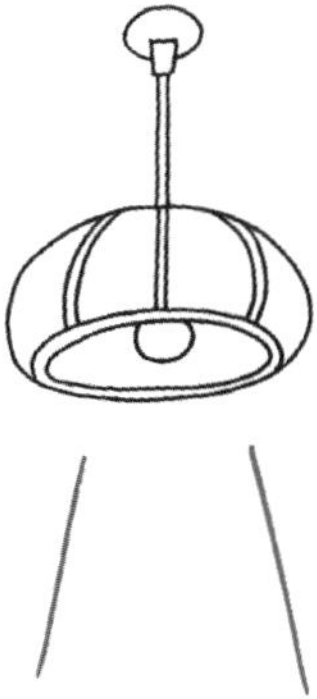

Heutzutage hat man natürlich überall elektrisches Licht, aber früher stand den Menschen nach Sonnenuntergang nur in begrenztem Umfang Beleuchtung zur Verfügung. In einer Welt, in der Elektrizität etwas Selbstverständliches geworden ist, sollten wir die Leuchtkörper gut sauber halten, damit das kostbare Licht nicht durch Schmutz und Eintrübung vergeudet wird.

In der Welt des Buddhismus ist das Licht ein tiefgründiges Symbol für die Weisheit und das Erbarmen Buddhas, und mein Tempel trägt den Namen Kômyôji, »Tempel des Buddhalichts«.

Das höchste Ziel des Buddhismus besteht darin, das Leiden des menschlichen Daseins zu überwinden und die Erleuchtung zu erlangen. Als tiefste Ursache dieses Leidens gilt die Unwissenheit (jap. 無明 *mu-myô* – »kein Licht«). *Mumyô* bezeichnet einen Zustand, in dem es »kein Licht«

gibt, es beschreibt einen Zustand des Herumirrens in der Finsternis. Wer die Wahrheit der Dinge nicht zu erkennen vermag, wird von weltlichen Begierden getrieben und von Leiden heimgesucht.

Es ist die Weisheit, die diese Finsternis vernichtet. Es geht darum, die Wahrheit der Dinge mit Leib und Seele zu erkennen. Das Licht, das hinter dem Haupt des Buddha Amida[8] erstrahlt, symbolisiert sein Gelübde, alle Menschen zu erlösen. Nur im Lichte der Buddha-Weisheit ist es dem Menschen möglich, dem Zweifel zu entfliehen.

Wenn wir uns beim Säubern der Beleuchtung vorstellen, dass wir die Lampe der Weisheit, welche die eigene Dunkelheit vertreibt, polieren, wird die tägliche Last der Begierden wohl etwas leichter.

Lampen sauber machen

Wenn man Lampen reinigt, entfernt man zuerst den Staub mit einem Federwedel und wischt den Schirm anschließend mit einem gut ausgewrungenen Putztuch ab. Dabei ist es besser, das zusammen mit einem Partner zu machen: Der eine steigt auf die Leiter, der andere hält sie unten fest und reicht Putztuch oder Werkzeug nach oben.

Putzen wir die Lampen sorgfältig, damit wir das Licht des Geistes anzünden können.

Das Auge wird vom Staub der Welt getrübt
Und sieht das rettende Licht [des Buddha Amida] nicht;
Doch sein grenzenloses Erbarmen wirkt ohne
Unterlass
Und leuchtet ewig für uns.

Shinrans[9] Verse ergreifen uns auch noch heute.

KAPITEL 3

PUTZEN AUSSERHALB DES HAUSES

Eingang

Der Tempeleingang in Japan ist für die Mönche das Tor, durch das sie den Weg der buddhistischen Praxis betreten. Ist dieses Tor schmutzig, ist der anschließende Buddha-Weg nutzlos. Deshalb halten wir den Tempeleingang besonders sauber. Im Lauf der Geschichte haben vor allem die Häuser der Kriegerklasse und später auch gewöhnliche Häuser Eingangstore bekommen, und daraus hat sich der moderne Hauseingang entwickelt.

Da das moderne Haus natürlich kein Ort für die buddhistische Mönchspraxis ist, hat der Hauseingang dort nicht dieselbe Bedeutung. Dennoch ist der Eingang auch hier eine Grenzlinie zwischen dem Hausinneren und der äußeren Umgebung, und wir sollten ihn gewissenhaft sauber halten.

Bei einem Tempelbesuch haben Sie sicher im Eingang und auf der Toilette ein Schild mit der Aufschrift 脚下照顧 (*kyakka shôko*) gesehen. Das bedeutet ursprünglich: »Schaut gut unter die Füße!« und wird heute verwendet im Sinne von: »Schuhe ordentlich ausrichten!« oder »Schauen Sie auf Ihre Füße; schauen Sie auf sich selbst!«

Menschen, die ihre Schuhe nicht ausziehen und ausrichten können, sind Menschen mit verwirrtem Geist. Auch bei Menschen, die stets darauf achten, die Schuhe ordentlich hinzustellen, kann es vorkommen, dass sie ihre Schuhe unordentlich herumstehen lassen, weil sie in Eile oder abgelenkt sind. Das beweist, dass ihr Geist sich vom Hier und Jetzt entfernt hat. Zuerst zieht man im Hauseingang die Schuhe aus und stellt sie ordentlich hin.[10] Das ist der Anfang, wenn man den Geist ordnen will.

In Japan gibt es in fast allen Familien im Eingangsbereich einen Schuhkasten (*geta-bako*[11]). Obwohl heutzutage kaum noch *geta* getragen werden, hat sich die alte Bezeichnung nicht geändert. Bei buddhistischen Feiern, bei denen sich viele Mönche und Priester versammeln, sieht man in den *getabako* der Tempel lange Reihen von *setta* mit weißen Riemen (s. S. 31). Ich liebe diesen Anblick, der für die Tempel so typisch ist. Allerdings kommt es dabei oft vor, dass die Anwesenden ihre *setta* verwechseln, weil sie alle gleich aussehen.

Wenn geruchsbindende Holzkohle ihre Wirkung verliert, kann man sie wieder benutzen, nachdem man sie in heißem Wasser gekocht und anschließend getrocknet hat. Binchôtan-Holzkohle (s. S. 71) von guter Qualität ist schön und kann auch als Zimmerdekoration dienen.

Durch die Eingangstür gelangt man in Tempeln (und auch in traditionellen alten Häusern) in einen Bereich mit blankem Erdboden (Estrich). Das ist der einzige Ort, den man mit Schuhen betreten darf. Deshalb sammelt sich hier mehr Schmutz als in anderen Räumen an und dieser Bereich sollte ordentlich geputzt werden. Hier zieht man auch die Schuhe aus, aber es ist unordentlich, im Sommer Winterschuhe und im Winter Sommerschuhe herumstehen zu lassen. Nicht nur die Kleidung, sondern auch die Schuhe sollte man zum Zeitpunkt des saisonalen Kleiderwechsels gegen etwas Passendes tauschen und die nicht zur Saison passenden Sachen gründlich reinigen und verstauen.

Schuhe ausziehen und ausrichten: Wenn wir nur die nötigen Sachen am richtigen Platz aufbewahren und den Eingang immer sauber halten, kommt von allein Ordnung in unseren Geist. Probieren Sie es einmal aus!

Den Eingangsbereich putzen

Estrich:

Auf dem Estrich sammelt sich Sand und Erde von den Schuhen, Haare und Staub. Deshalb putzen wir ihn gründlich. Es mag Leute geben, die in einem normalen Haus im Eingangsbereich einfach den Schmutz mit Besen und Kehrschaufel beseitigen, aber besser wäre es, ihn mit Mopp oder Putztuch aufzuwischen. Da in Tempeln viel Publikumsverkehr ist, wird dieser Bereich an manchen Orten auch mehrmals täglich mit Wasser aufgewischt.

Eingangstür:
Wenn Sie Gäste haben, ist die Eingangstür das Erste, worauf ihr Blick fällt. Beim Saubermachen wird die Eingangstür oft vergessen, aber vor allem die Fingerspuren auf dem Türknopf, mit dem die Leute in Berührung kommen, sollten vor Ankunft der Gäste gut abgewischt werden.

Namensschild:
Ihr Name auf dem Namensschild steht für Sie. Wenn dieses Schild schmutzig oder staubig ist, fällt das auf Sie selbst zurück. Deshalb sollten Sie das Namensschild sorgfältig putzen, damit sich weder Schmutz noch Staub darauf absetzen.

Garten

Für uns Mönche ist der Garten ein Ort der Kommunikation mit der Natur. Der Mensch kann nicht in der Natur, so wie sie ist, leben. Ohne die Natur kann er jedoch auch nicht leben. Der Garten ist die beste Schule, um etwas über das wahre Leben zu lernen, denn das eigene Leben ist von der feinen Balance der Natur abhängig.

Je nach Tempel gibt es verschiedene Gärten, wie zum Beispiel solche, in die man die Natur symbolisch einbezogen hat, oder solche, die das »Reine Land«, die Welt des Paradieses, darstellen. In allen kommt eine besondere Weltsicht zum Ausdruck. Im Geist des Betrachters spiegelt sich, wie ein Garten gesehen wird. Da der Garten Teil der Natur ist, zeigt er sich jedes Mal, wenn man ihn betrachtet, von einer anderen Seite. Hören Sie zuerst auf die Stimme der Pflanzen, und hören Sie dann auf die Stimme des eigenen Herzens, die damit in Einklang steht! Der Garten ist ein Ort des Dialogs mit der Natur.

Schauen wir uns zuerst gut im Garten um, und machen wir uns dann an die Arbeit. Wir sollten sorgfältig auf die im Freien benutzten Geräte achten, weil sie leicht rosten. Wenn man die Sichel nicht ordentlich wetzt, braucht man bei der Arbeit unnötig viel Kraft und verletzt sich leichter. Sobald wir mit der Arbeit fertig sind, säubern wir diese Geräte gründlich, schleifen sie dann auf dem Wetzstein, wischen die Feuchtigkeit ab und räumen sie an ihren Platz. Dadurch können wir uns beim nächsten Mal mit gutem Gefühl an die Gartenarbeit machen.

Bei der Gartenarbeit ist es wichtig, vorher zu bestimmen, wie viel man an diesem Tag machen will, und sich nicht zu überanstrengen. Wenn man sich verausgabt, sammelt sich Müdigkeit an, und irgendwann kann man nicht mehr weitermachen. Gehen Sie im Einklang mit der Natur langsam zu Werke.

Gartenarbeit erledigt man morgens und abends. Man arbeitet morgens, macht über Mittag, wenn die Sonne hoch steht, eine Pause und fängt wieder an, wenn die Sonne sich neigt. Bei der Gartenarbeit sollte man zudem genug trinken. Es macht Sinn, vormittags um 10 und nachmittags um 15 Uhr Tee zu trinken. Legt man ab und zu eine kleine Pause ein, kann man bis zuletzt energisch weitermachen.

Wir Mönche verwenden möglichst keine Unkrautbekämpfungsmittel. Das Gift könnte Lebewesen wie Regenwürmern oder Maulwürfen schaden und die Bodenqualität beeinträchtigen. Um einen Garten gut zu pflegen, muss man die Natur als Ganzes im Auge behalten. Denn alles Leben ist miteinander verbunden.

Der Dialog mit der Natur bereichert uns. Beobachten Sie die Natur gut, und achten Sie mithilfe der Natur gut auf Ihren Geist!

Den Garten pflegen

Bei Arbeiten im Freien ist die traditionelle japanische Arbeitskleidung mit *samue*, Arbeitshandschuhen und -socken (*gunte* und *gunsoku*) praktisch. Sich wie die Mönche ein Handtuch oder *tenugui* (s. S. 29) um den Kopf zu binden, ist ein guter Schutz. Wenn die Pflanzen nicht richtig wachsen, wässern wir sie, und wenn Unkraut wächst, jäten wir es. Um beim Unkrautjäten auch die Wurzeln zu entfernen, sollten Sie mit der Sichel nur leicht unter die Erde gehen. Seien Sie vorsichtig, denn wenn Sie zu tief gehen, bleibt Erde an der Sichel haften, und Sie graben Löcher in den Erdboden.

Glasfenster

Glas ist ein Symbol für Klarheit und Nicht-Anhaften. Wenn Glas trübe wird oder voller Fingerspuren ist, dann wird auch das Herz eingetrübt. Im Buddhismus wird dem »Rechten Sehen« große Bedeutung beigemessen. Rechtes Sehen steht für die Kraft, die durch unsere egozentrierten Filter getrübte Sicht zu überwinden und das wahre Wesen der Dinge zu erkennen. Das heißt, die Dinge zu sehen, wie sie sind, und sie anzunehmen, wie sie sind. Wer das vermag, ist erleuchtet.

Fensterglas sollte diesem Zustand des rechten Sehens entsprechen. Als Ideal gilt, Glas so sauber zu machen, dass man sein Vorhandensein vergisst und die Landschaft auf der anderen Seite der Scheibe genießen kann, ohne sich des Glases bewusst zu sein. Putzen wir es so gut, dass es keine einzige trübe Stelle mehr hat.

Kein trüber Fleck,
weder im Herzen
noch auf dem Glas.

Glas sauber machen

Zum Reinigen von Glas ist Zeitungspapier viel besser geeignet als Stoff. Dazu zerknüllt man Zeitungspapier auf eine passende Größe, besprüht es mit Fensterreiniger und Wasser und reibt die Scheiben kräftig. Wenn man Glas mit einem Stofftuch reibt, bleiben garantiert kleine Fusseln zurück, aber bei Papier ist das nicht der Fall.

Zu Beginn wischt man die ganze Scheibe, um den groben Schmutz zu entfernen, danach wischt man mit Zeitungspapier in regelmäßiger Folge senkrecht und waagrecht hin und her. Wenn alle Wasserspuren verschwunden sind, sind wir fertig.

Als Reinigungsmittel kann man die handelsüblichen Fensterreiniger verwenden, aber man kann mit dem, was man im Haus zur Hand hat, selbst einen Reiniger herstellen. Essigwasser nimmt den Schmutz gut weg. Dazu einfach Essig in Seifenwasser geben und gut mischen.

Fliegenfenster (amido)

Beim Reinigen der Glasfenster sollten wir die Fliegenfenster nicht vergessen. Fliegenfenster sind schmutziger, als man denkt, denn sie sind Wind und Wetter ausgesetzt. Da die Luft bei offenem Fenster durch das Fliegenfenster geht, wird die Luft verschmutzt, wenn das Fliegenfenster dreckig ist. Wir sollten Fliegenfenster so sauber machen, dass die Maschen nicht verstopft sind.

Ist der Atem blockiert, kann der Mensch nicht leben. Bei Zazen, Meditation und anderen Praktiken ist der Atem sehr wichtig, denn er ist der Energiefluss zwischen dem Körperinneren und der Außenwelt. So sind auch die Fenster die Stellen, durch die ein Haus atmet. Wenn die Maschen des Fliegennetzes verstopft sind, wird die

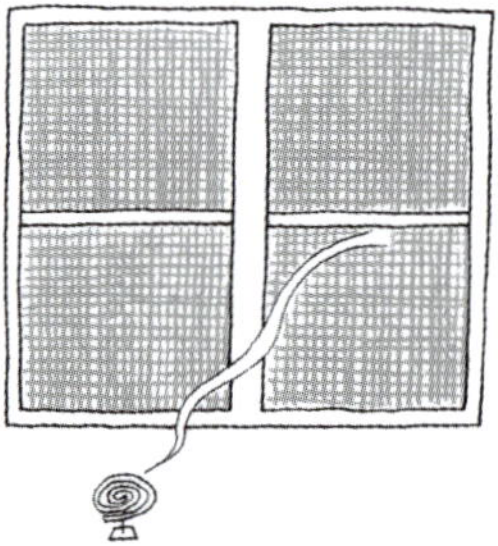

Luft im Haus stickig, und man bekommt ein Haus, in dem der Atem blockiert wird. Deshalb sollten wir die Fliegenfenster ordentlich säubern, damit die Energie gut fließen kann.

Fliegenfenster sauber machen

Es genügt, Fliegenfenster in regelmäßigem Abstand abzuwischen, doch falls sie stark verschmutzt sind, sollten wir sie herausnehmen und an der Wasserstelle im Garten abwaschen. Mit einer Topfbürste lassen sich die Maschen gut reinigen. Wenn wir die Fliegenfenster abwaschen, sollten wir sie gut trocknen lassen, bevor wir sie wieder einsetzen. Sind sie nicht richtig trocken, tropft das in den Maschen angesammelte Wasser heraus und verschmutzt den Rahmen und die Auflage.

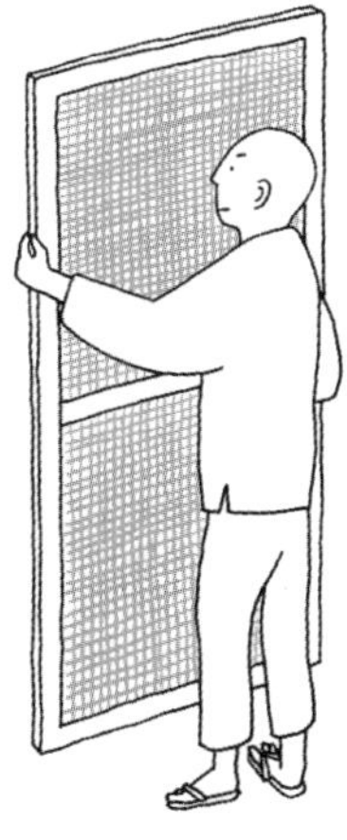

Waschen Sie die Fliegenfenster sorgfältig, damit der Wind auch im Geist wehen kann.

Zugang

Tempel in Japan haben im Allgemeinen einen besonderen Aufgang (*sandô*, die »Via Sacra«). Tempelbesucher müssen diesem Weg folgen. Vor der Buddhastatue nehmen sie Haltung ein und verbeugen sich. Während wir von außen kommend den Tempelbezirk betreten und eine Zeit lang auf diesem Weg voranschreiten, sammelt sich nach und nach unser Geist, damit wir vor den Buddha treten können.

Natürlich gibt es in einem normalen Haus keinen solchen Aufgang wie im Tempel. Aber ist der Zugang von draußen bis zum Eingang nicht ein ebenso wichtiger Aufgang wie der *sandô* im Tempel? Denn auf diesem Zugangsweg verlassen wir gesund und munter das Haus mit den Worten »*itte kimasu*«[12], melden uns bei der Rückkehr mit »*tadaima*«[12] zurück und sind dankbar, dass wir den Tag gesund hinter uns gebracht haben. Auf dieser kurzen Wegstrecke sollten Sie versuchen, Ihre vorwärtsdrängende Ungeduld zu zügeln und ruhig durchzuatmen. Wird Ihr Herz dann nicht von einem Gefühl der Dankbarkeit erfüllt?

Den Zugang sauber machen

Wenn man weiß, zu welcher Uhrzeit die Familienmitglieder zurückkommen, ist es schön, den Zugangsweg mit Wasser zu besprengen. So kann man sich gegenseitig seiner Freude und Dankbarkeit versichern. Die zurückgebliebene Person denkt sich: »Er oder sie ist wohlbehalten zurückgekommen«, während die zurückkehrende sich sagt: »Jemand ist da und hat auf mich gewartet.«

Bei einer Wohnung im Mietshaus kann man die Strecke vom Fahrstuhl bis zur Wohnungstür als *sandô* betrachten. Wenn man den von allen gemeinsam benutzten Flur sauber hält, erweitert sich der Kreis der Dankbarkeit auch in der Nachbarschaft.

Terrasse

Auf dem Areal meines Tempels Kômyôji gibt es eine Ecke, die den »normalen Sterblichen« als »Kamiyachô Open Terrace« offensteht. In der Mittagszeit an Werktagen ist dieser Ort als »Tempelcafé« beliebt bei den in dieser Gegend arbeitenden Leuten, die mit ihren Lunchboxen und Getränken hierherkommen. Bei einem normalen Haus dürfte dieser offene Raum einer Gartenterrasse oder einer Veranda mit Holzboden entsprechen. Man könnte sagen, dass es sich um einen Platz handelt, an dem man bei schönem Wetter seine Gäste in entspannter Atmosphäre zu einer Tasse Tee empfängt und sich an freien Tagen mit der Familie gemütlich Zeit zum Lesen nimmt.

Einen solchen Platz, an dem sich das Herz entspannen kann, sollten wir so gestalten, dass man nicht durch Schmutz und Unordnung gestört wird und jeder sich dort wohlfühlt.

Die Terrasse gestalten

Um einen Platz zum Entspannen und Wohlfühlen zu schaffen, kann man auf Pflanzen nicht verzichten. Wenn die Terrasse auf den Garten geht, sorgen wir dort für Sauberkeit und Ordnung. Wer keinen Garten hat, kann gut gepflegte Töpfe und Schalen mit schönen Pflanzen aufstellen und so die Natur hereinholen.

Wenn man Gäste erwartet, sollte man vorher auf jeden Fall Tische, Stühle und Geländer sowie die Stellen abwischen, mit denen die Gäste in Berührung kommen. Da es im Freien auch Wespennester geben kann, sollten wir uns aufmerksam umschauen.

KAPITEL 4

GEIST UND KÖRPER REINIGEN

Gesicht waschen

Mit Putzen ist nicht nur das Saubermachen unseres Umfelds gemeint, und deshalb möchte ich auch über das Reinigen des Geistes und des Körpers sprechen.

Wenn wir zum Beispiel morgens aufwachen, waschen wir zuerst das Gesicht. Das ist zwar für uns alle eine selbstverständliche Gewohnheit, aber wissen Sie, welche Bedeutung das Waschen des Gesichts hat?

Zen-Meister Dôgen sagt dazu: »Ohne das Gesicht zu waschen, sind alle möglichen Rituale gleichermaßen eine Beleidigung [für den Buddha].«

Das heißt, wenn man sich morgens nach dem Aufstehen nicht das Gesicht wäscht, ist alles, was man tut, eine grobe Unhöflichkeit.

Wir waschen das Gesicht aber nicht, weil es schmutzig ist. Selbst wenn es nicht schmutzig ist, ist es wichtig, das Gesicht zu waschen. Ohne das Gesicht zu waschen, sollte man nicht mit anderen Menschen zusammenkommen. Das Minimum an Höflichkeit im Umgang mit anderen Menschen besteht darin, sowohl seinen Körper als auch sein Gesicht zu reinigen.

Im Kloster Eiheiji wird beim Waschen des Gesichts ein über zwei Meter langes, besonderes Handtuch benutzt. Damit werden Kragen und Ärmel hochgebunden, um das Gewand beim Waschen nicht nass zu machen. Beim Waschen dürfen die Mönche lediglich einen kleinen Bottich mit Wasser benutzen. Mit dieser Wassermenge im Bottich wird alles gereinigt: Gesicht, Kopf und Zähne. Wasser ist ein Geschenk der Natur und für den Menschen lebensnotwendig. Deshalb sollten wir nicht verschwenderisch damit umgehen und es der Natur wieder zurückgeben. Wir sollten das Gesicht mit

einem Gefühl der Dankbarkeit gegenüber der Natur waschen.

Da man sich in einer normalen Familie wohl kaum in japanischer Kleidung das Gesicht wäscht, kann man dabei ein gewöhnliches Gesichtshandtuch benutzen und braucht kein spezielles langes Tuch wie die Zen-Mönche. Trotzdem sollten Sie das Wasser in Ihrer Waschschüssel oder im Waschbecken achtsam verwenden und sich deshalb bemühen, Wasser zu sparen und den Wasserhahn nicht aufgedreht lassen. Das benutzte Handtuch spülen wir gleich mit Wasser und hängen es zum Trocknen in die Sonne.

Obwohl das Waschen des Gesichts etwas ganz Alltägliches ist, sollten wir es nicht geringschätzen. Gerade weil wir diese Handlung jeden Tag ausführen, sollten wir dabei achtsam und gründlich vorgehen. Es ist ein Geheimnis, um das Herz reinzuhalten.

Das Gesicht waschen

Zuerst füllen wir Mönche eine Schüssel mit einer kleinen Menge Wasser. Da der Hauptzweck nicht darin besteht, Schmutz zu entfernen, brauchen wir im Allgemeinen dazu keine Seife. Wir waschen das ganze Gesicht von oben in der Reihenfolge Stirn, Augenbrauen, Augen, Nase, Wangen und danach von der Hinterseite der Ohren bis zum Kinn. Beim Waschen des Gesichts klärt sich auch das Herz. Ganz gleich, wie früh wir aufstehen, wir werden dabei ganz wach. Und unmerklich werden wir dabei bis ins Herz gereinigt.

Schlaf

Eine Grundregel des Lebens im Tempel lautet: »Früh zu Bett, früh heraus!« Da wir nicht bis spät in die Nacht aufbleiben, können wir uns, auch wenn wir früh aufstehen, tagsüber mit aufgeladenen Batterien betätigen. Am Tag regen wir uns, indem wir tüchtig arbeiten und mit lauter Stimme die Sutren rezitieren, und wenn wir uns abends schlafen legen, nachdem wir die Energie des Tages nach Belieben eingesetzt haben, schlafen wir gut. Dadurch haben wir keine Schwie-

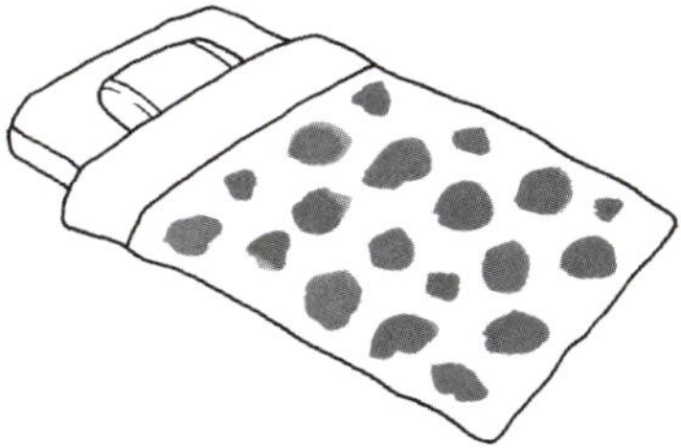

rigkeiten beim Einschlafen und können ganz natürlich so lange wie notwendig schlafen.

Das Wort »Buddha« bedeutet im Sanskrit »der Erwachte«. Wir alle sollten danach streben, ein ordentlich geregeltes Leben zu führen, einen guten Schlaf zu haben und nach dem Aufstehen in der Morgensonne einen guten Tag zu verbringen.

Tipps für einen guten Schlaf

Tagsüber sind wir fleißig, und abends legen wir uns früh zur Ruhe. »Fauler Schlaf« bedeutet, mehr zu schlafen, als der Körper zu seiner Regeneration braucht. Auch Schlafsucht ist eine Form weltlicher Begierden. Ohne Sinn und Zweck zu schlafen bedeutet, von diesem Verlangen gefesselt zu sein.

Atmung

Wer Yoga oder ähnliche Techniken gelernt hat, weiß, dass es in Indien die alte Tradition gibt, durch die Regulierung des Atems den Geist zu ordnen. Auch als der Buddha Shakyamuni die Erleuchtung erlangte, saß er mit geregeltem Atem in stiller Meditation unter dem Bodhibaum.

Unabhängig davon, ob wir wach sind oder schlafen, werden wir am Leben erhalten. Ohne dass wir uns dessen bewusst sind, schlägt das Herz, kreist das Blut, verdauen Magen und Darm und atmet die Lunge. Tatsächlich ist unter den lebenserhaltenden unbewussten Vorgängen der Atem eine der wenigen Funktionen, die wir »mit dem eigenen Willen kontrollieren können«. Wenn wir im Herzen verwirrt sind, ist auch der Atem unregelmäßig, und das zeigt, wie eng Herz und Körper miteinander verbunden sind. Deshalb sollten wir bewusst und achtsam atmen.

Richtig atmen

Die Grundregel des Atmens lautet: »Zuerst ausatmen, dann einatmen.« Bevor wir etwas Neues aufnehmen, sollten wir zuerst einmal das, was sich in unserem Inneren befindet, nach außen abgeben, und danach die frische Luft einatmen. Durch Regulierung des Atems wird auch der Geist unmerklich beeinflusst, und die Verwirrung der Gedanken und Gefühle beruhigt sich.

1. Konzentrieren Sie sich auf den Bereich des *tanden*[13] unterhalb des Nabels, und während Sie diesen Bereich des Unterbauchs einziehen, atmen Sie durch den Mund langsam und lange aus.
2. Wenn Sie ganz ausgeatmet haben, atmen Sie durch die Nase tief ein, um das *tanden* mit Luft zu füllen.

Zahnpflege

Im menschlichen Körper spielt der Mund eine besonders wichtige Rolle – beim Essen, Reden und Atmen. In der buddhistischen Lehre bezeichnet man »Körper, Mund und Geist« als das »dreifache Tor«[14] und meint damit die drei Formen menschlicher Aktivität (Karma). Nicht nur das, was wir mit dem Körper tun, und das, was wir im Geist denken und über den Mund in Worten äußern, gilt es für Buddhisten zu ordnen und zu läutern.

Das Zähneputzen, bei dem wir den Mund als das »Tor« der Wörter und der Nahrung sauber machen, hat einen Bezug zu dieser Lehre. Es ist wichtig, die Zähne gut und gründlich zu putzen.

Richtig Zähne putzen

Im Zen-Tempel ist die Methode des Zähneputzens genau geregelt: Nach einer kurzen Hymne (*shige*, Sanskrit: *gâthâ*) werden Vorder- und Rückseite der Zähne gereinigt, wie der Zen-Meister Dôgen es lehrte: »(Die Zähne) schaben und spülen, so wie man poliert.«

Um Karies zu verhindern, sollte man natürlich die Zähne und auch die Zwischenräume gründlich reinigen. Dies hat Dôgen in folgenden Anweisungen zusammengefasst: »Zwischen den Zähnen gut ›kratzen‹ und sauber machen« und »Anschließend die Zunge abschaben.«

Lasst uns ohne Mundgeruch und mit sauber geputzten Zähnen die weltlichen Begierden zerschmettern!

Haare schneiden

Das Symbol des Mönchs ist der kahl geschorene Kopf. Im Japanischen ist *bôzu-atama* (»Mönchskopf«) sogar die umgangssprachliche Bezeichnung für einen kahlen Schädel, und die Mönche aller verschiedenen buddhistischen Schulen sind in der Regel tonsuriert. Jôdoshinshû ist zwar eine laienbuddhistische Richtung, in der es nicht vorgeschrieben ist, sich den Kopf zu scheren, und doch tun dies alle bei der Priesterweihe. Um die Ernsthaftigkeit ihres Entschlusses zu demonstrieren, lassen sich die angehenden Priester den Kopf rasieren, und bei der Zeremonie legt der Meister dann symbolisch ein Rasiermesser an ihren Schädel. Um zu beweisen, dass es einem ernst mit der Priesterschaft ist, lässt man den alten Haarschmuck fallen.

Die meisten, die Haare auf dem Kopf haben, denken bestimmt: »Wenn sie mir zu lang vorkommen, gehe ich zum Friseur.« Dagegen schneiden sich die Mönche im Tempel Eiheiji an den Vierer- und Neuner-Tagen die Haare. Wie wäre es, wenn wir alle, um unser eigenes Herz zu ordnen, nach dem Vorbild der Mönche an Vierer- und Neuner-Tagen unsere weltlichen Sorgen fallen und uns regelmäßig die Haare schneiden ließen?

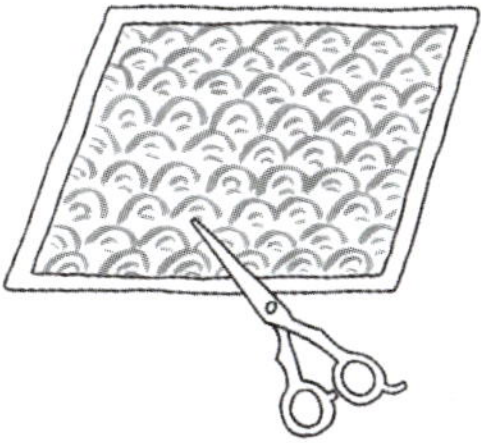

Haareschneiden im Tempel

Im Eiheiji-Tempel benutzt man angeblich beim Rasieren und beim Haareschneiden weder Rasierschaum noch -seife. Solange die Novizen nicht daran gewöhnt sind, gibt es unter ihnen einige, bei denen dabei etwas Blut fließt. Ich denke, man lässt Schaum und Seife nicht nur deshalb weg, um das in begrenzter Menge vorhandene Wasser sparsam zu benutzen, sondern sicherlich auch, weil man sich bemüht, dem Wasser möglichst nichts Überflüssiges beizumischen, damit man es der Natur wieder besser zurückgeben kann.

Ausscheidung

Es mag seltsam wirken, aber wenn ich meine Notdurft verrichte, denke ich wirklich: »Der Mensch ist doch großartig!« Nach dem Essen verdaut der Körper langsam die Nahrung und entzieht ihr dabei die Nährstoffe, die er benötigt, um zuletzt die Überreste auf natürliche Weise in Form von Kot auszuscheiden. Mit dem Schweiß oder dem Porenschmutz der Haut geschieht das genauso, denn der Körper verfügt über die Funktion, Überflüssiges automatisch zu beseitigen. Und diese Aktivität wird 365 Tage im Jahr und 24 Stunden am Tag ohne eine einzige Unterbrechung fortgesetzt. Da muss man doch wirklich dankbar sein.

Allerdings haben wir als Erwachsene fast keine Gelegenheit, eine andere Methode der Ausscheidung kennenzulernen als jene, die wir als Kinder normalerweise von den Eltern gelernt haben. Und da wir natürlich auch keine Gelegenheit haben zu sehen, wie andere das machen, dürften vermutlich alle ihr großes Geschäft auf ihre eigene Weise erledigen, ohne sich allzu viele Gedanken darüber zu machen.

Allerdings geht man im Zen-Tempel sehr bewusst mit diesem »Geschäft« um. Der Toilette, die – wie im entsprechenden Abschnitt erklärt – *tôsu* genannt wird, wird als dem Ort, an dem die Schutzgottheit Usushima-myôô verehrt wird, besondere Bedeutung beigemessen. Deshalb sind die Regeln der Toilettenbenutzung für die Mönche bis ins Detail festgelegt.

Nachdem der Mönch vor der Toilettenbenutzung zuerst einen Eimer mit Wasser an den dafür bestimmten Platz gebracht hat, stellt er sich dem Klosett zugewandt hin, legt die linke Hand auf die Hüfte und macht dann mit dem Zeigefinger der rechten Hand ein schnipsendes Geräusch (*tanji*). *Tanji* ist eine schnipsende Bewegung mit Zeigefinger und Daumen, die vor und nach der Toilettenbenutzung je dreimal wiederholt wird. Die eine Bedeutung von *tanji* besteht darin, mit diesem Geräusch das Anklopfen zu ersetzen; die zweite, nach Erledigung des Geschäfts die Unreinheit zu läutern. Bei förmlicher Ausführung wird der Hintern nicht mit Papier, sondern mit Wasser aus dem Eimer geputzt. Diese Methode, den Hintern mit der linken Hand mit Wasser zu reinigen, wird auch noch heute in Indien praktiziert.

Im Tempel ist die Toilette ein »Einzelzimmer« und daher für die Mönche der einzige Ort, an dem sie kurz verschnaufen und ihre seelische Anspannung lockern könnten. Aber gerade weil es ein Ort ist, an dem man durch den Akt der Ausscheidung mit den menschlichen Instinkten in Berührung kommt, sollten sich die Mönche hier umso mehr darauf konzentrieren, das Gefühl der Anspannung zu bewahren und das Herz zu läutern.

Auch in einer normalen Familie sollte man sich bemühen, die ordentlich geputzte Toilette so zu benutzen, dass sie nicht verschmutzt und alle sich darin wohlfühlen, während sie ihr Geschäft achtsam verrichten und den »Bodensatz des Körpers« ausscheiden.

Zum Thema Ausscheidung

Ausscheidung ist ein Vorgang, bei dem man den Instinkten des Menschen sehr nahe kommt. Bewahren Sie dabei eine gewisse innere Spannung, und seien Sie achtsam. Nach der Benutzung einer Toilette sollte man aus Rücksicht auf die folgenden Benutzer unter anderem natürlich auch nicht vergessen, die Toilettenschuhe wieder ordentlich hinzustellen[15] und auf das Toilettenpapier zu achten.

Mahlzeiten

Die geschäftigen modernen Menschen schränken die Zeit für die Mahlzeiten ein, und wie ich höre, gibt es nicht wenige Leute, die ihr Essen in solcher Eile hinunterschlingen, dass sie nicht einmal merken, was sie da essen. Eigentlich muss nicht gesagt werden, dass der Mensch ohne Nahrung nicht leben kann. Aber unser Essen geringschätzig zu behandeln bedeutet, dass wir auch unseren Körper geringschätzen, denn das Essen baut unseren Körper auf. Und unseren Körper geringschätzig zu behandeln bedeutet, dass wir auch den darin wohnenden Geist nicht achten.

Da die Mahlzeiten die Grundlage für den Aufbau des Menschen bilden, sollten wir das, was wir durch den Mund aufnehmen, unbedingt mit größerer Achtsamkeit behandeln.

Wer die Teezeremonie gelernt hat, weiß, dass der Tee ursprünglich als Heilmittel zusammen mit dem Zen-Buddhismus von China nach Japan gebracht wurde. Die Entwicklung der Teezeremonie als besonderer Übungsweg, bei dem es allein um die Zubereitung des Tees geht, kann nicht vom Buddhismus getrennt betrachtet werden.

In gleicher Weise legt man in der Welt des Buddhismus beim Essen großen Wert auf die Etikette. Als ich zur Priesterausbildung im Honganji-Tempel in Kyôto war, haben wir alle in der Übungshalle vor und nach den Mahlzeiten mit gefalteten Händen zusammen ein Dankesgebet rezitiert. Ohne beim Essen ein einziges Wort zu sprechen, haben wir die Mahlzeit mit einem Gefühl der Dankbarkeit empfangen.

Wir sollten beim Essen jeden Bissen langsam kauen und den Geschmack richtig genießen. Für die Nahrungsmenge gilt: wissen, wann es genug ist. Das heißt aufhören, wenn der Bauch zu 80 Prozent gefüllt ist. Wenn man nämlich langsam und gut kaut und das Essen richtig genießt, signalisiert uns das Zentralnervensystem zum rechten Zeitpunkt, dass der Bauch voll ist. Dann geschieht es auch nicht, dass wir uns gierig überessen.

»Körper und Geist sind eins.« Körper und Geist kann man sich nicht getrennt vorstellen. Beim Essen bedeutet das, dass dazu Nahrung, Etikette und Dankbarkeit gehören. Wenn das alles in Harmonie ist, wird das Herz geläutert.

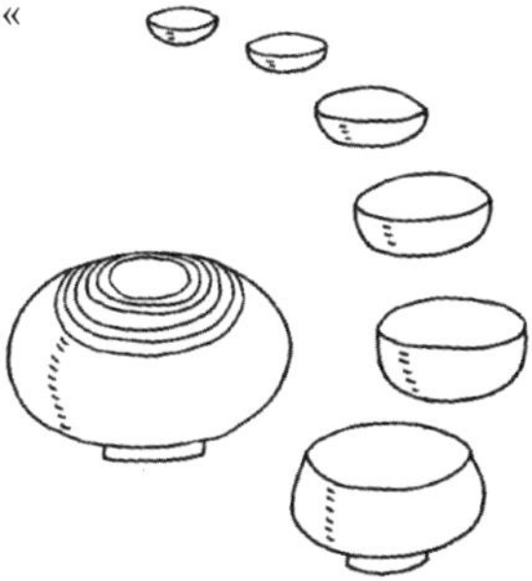

Um auch in einem normalen Haushalt das Gefühl der Dankbarkeit zum Ausdruck zu bringen, würde ich mir wünschen, dass alle zusammen mit *gasshô*[16] und *nembutsu*[17] vor und nach der Mahlzeit die Tischgebete der Jôdoshinshû rezitieren.

Die Worte vor der Mahlzeit (mit *gasshô*):

»Dank vieler Leben und Menschen bin ich mit diesem Mahl gesegnet worden. Mit tiefer Freude über diese Gnade empfange ich es dankbar.«

Die Worte nach der Mahlzeit (mit *gasshô*):

»Diese wohlschmeckende, kostbare Gabe habe ich empfangen. Umso mehr will ich mich bemühen, mich für diese Gnade dankbar zu erweisen. Deshalb danke ich für das köstliche Mahl.«

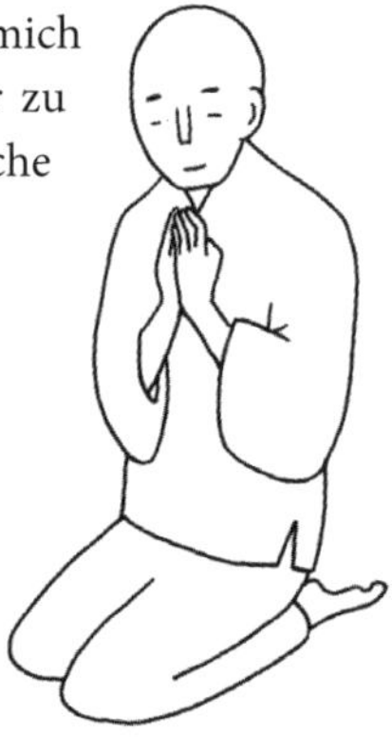

»Itadakimasu.«[18]

WENN MAN MIT DEM PUTZEN FERTIG IST

Nichts besitzen

Mönche in der Ausbildung leben auf erstaunlich engem Raum zusammen. Zen-Novizen bekommen von den Tatami im Mönchsquartier pro Person eine Matte zugewiesen, und das ist der Raum, auf dem sich ihr Leben abspielt – Zazen, Essen und Schlafen.

Als Priester der Jôdoshinshû habe ich bei der Ausbildung in einem Tempel in Kyôto eine Zeit lang in einer Gemeinschaft gelebt. Dort war es streng verboten, etwas Unnötiges mitzubringen, außer dem Minimum an notwendigen Dingen wie zum Beispiel Schreibzeug und Unterwäsche. In einem Gemeinschaftsraum mit Tatami lebten wir etwa zu zehnt zusammen, standen bei Tagesanbruch auf, rezitierten die Sutren, machten sauber und erledigten schweigend das festgelegte Tagespensum. Da gab es keine Zeit, um auf weltliche Gedanken zu kommen.

Ein Leben ohne Besitz ist sehr angenehm. Der heilige Ippen[19] setzte nach dem Aufbruch zu einer Pilgerschaft seine Reise bis zu seinem Tod fort, ohne etwas zu besitzen und ohne sich an einem festen Ort niederzulassen. Er hat die Freiheit des Herzens durch ein Leben in Besitzlosigkeit errungen.

Wenn man ohne Besitz frei und unbeschwert wie ein Mönch lebt, wird man feststellen, dass letztlich nur die guten Dinge bei uns bleiben. Das heißt nur ausgezeichnete Dinge von innerem Wert, für deren Anfertigung viele Menschen Zeit und Mühe aufgewendet haben. Solche Dinge sind es, die letztlich bei uns bleiben.

Wenn man sich mit guten Sachen umgibt, versteht man, was es heißt, die Dinge zu achten. Denn der solchen Dingen innewohnende geistige und emotionale Gehalt wird über die Hände weitergeleitet und berührt unser Herz. Diese Haltung der Achtsamkeit gegenüber den Dingen kann sich nicht entwickeln, wenn man nicht mit Dingen, die man für achtenswert hält, in Berührung kommt. Wer nur Dinge hat, um die es nicht schade ist, wenn sie kaputtgehen, wird nie verstehen, was ein achtsamer Umgang mit den Dingen bedeutet.

In Familien mit Kindern ist es für die Kinder besser, wenn man möglichst wenige Sachen zu Hause hat und ausschließlich gute Dinge in begrenztem Umfang sorgfältig auswählt. So bekommen zum Beispiel Kinder, denen man von klein auf den sorgsamen Umgang mit Lackgeschirr beigebracht hat, einen Sinn für die Qualität von Material.

Wenn wir beim Einkaufen jedes einzelne Stück sorgfältig prüfen und ausschließlich solche Sachen auswählen, die wir wirklich brauchen und mit denen wir ganz selbstverständlich angenehm leben können, dann ist das Saubermachen wirklich kein Problem. Dinge, zu deren Anfertigung Zeit und Mühe aufgewendet wurden, sind vielleicht etwas teurer, halten dafür aber auch länger.

Erreicht man durch Besitzlosigkeit einen Zustand der Nicht-Verhaftung, eröffnen sich grenzenlose Welten.[20] Das ist die buddhistische Lehre von der Leerheit (Sanskrit: *shûnyatâ*).

Ordnung und Sauberkeit

Da die Novizen bloß das Minimum an lebensnotwendigen Sachen besitzen, sind ihre Räumlichkeiten so schlicht. Und diese Sachen, so wenige es auch sein mögen, haben alle einen festen Platz und liegen nicht irgendwo im Raum herum.

Die Dinge, die man haben muss, befinden sich an dem Ort, an dem sie sein müssen, in der Ordnung, die sie haben müssen. Das klingt selbstverständlich, aber ein solcher Raum, in dem das alles der Fall ist, ist nicht oft zu finden. Wenn man die Sachen benutzt, holt man sie heraus, und wenn man sie fertig benutzt hat, bringt man sie wieder an den ursprünglichen Ort zurück. Man könnte denken, dass das ganz einfach wäre, und muss sich fragen, warum man nicht einmal das zuwege bringt. Das kommt daher, dass unser Umgang mit den Dingen nachlässig ist. Und das bedeutet, dass unser Herz nachlässig geworden ist.

Den Novizen, die gerade ins Kloster eingetreten sind, wird von den älteren Mönchen beigebracht, an welche Orte die Sachen hingehören. Das gilt auch für die eigenen Sachen. Besen, Kehrschaufel, Eimer, Essgeschirr – für alles ist genau festgelegt, wohin es muss, sogar wo und wie das Sutrenbuch auf dem Tisch zu liegen hat; und wenn es nur einen Millimeter daneben liegt, wird man von den älteren Mönchen laut gescholten. In einer Umgebung, in der alle sich eine solche Etikette zu eigen machen, bleibt alles stets in einem

Zustand, in dem sich die erforderlichen Dinge an dem dafür bestimmten Ort befinden.

Ein befreundeter Priester hat mir etwas Interessantes erzählt: »Am Anfang habe ich mir einfach die Plätze für die Sachen gemerkt, so wie sie mir genannt wurden, und es kam mir nur darauf an, gut für Sauberkeit und Ordnung zu sorgen. Aber indem ich das ständig wiederholte, kam ich allmählich so weit, dass ich die Stimme der Dinge hören konnte. Wenn ich die Dinge vernahm, schien ich automatisch zu verstehen, an welchen Platz sie gehörten.« Natürlich, dachte ich mir. Die Stimme der Dinge hören.

Wenn das Herz in einem Zustand der Nachlässigkeit ist, ist das ganz unmöglich. Erst wenn man die Dinge achtsam benutzt und die Ohren des Herzens reinigt, kann man ihre Stimme hören. Ebenso sollte man auch das Zimmer als den Raum, in dem die Dinge ihren Platz haben, vollständig erfassen. Und jeden Tag immer wieder sauber machen, bis

»An ihren Platz zurückbringen.
Das ist die Grundregel.«

man ein Gefühl hat, als wäre dieser Raum zu einem Teil des eigenen Körpers geworden.

Wenn man das wahre Wesen der Dinge durchschaut und den Raum vollkommen erfasst hat, versteht man, wo die Dinge ihren Platz haben wollen. Es ist möglich, einen solchen Geisteszustand zu erreichen.

Die Jahreszeiten spüren

Das Leben im Tempel richtet sich auch nach dem Wechsel der vier Jahreszeiten: So feiern wir zu Jahresbeginn das Neujahrsfest; wenn man das Nahen des Frühlings spürt, den Frühlingsanfang; an Buddhas Geburtstag am 8. April das Blumenfest; im Sommer das Obon-Fest (das buddhistische Allerseelen) mit seinen vielen Sitten und Gebräuchen; wenn die Saison der Herbstfärbung beginnt, den Herbstanfang; und zuletzt die Silvesternacht, die das vergangene Jahr mit dem Klang der Tempelglocke beendet. Wer im Tempel lebt, hat reichlich Gelegenheit, die einzelnen Abschnitte der Jahreszeiten zu erleben. Für mich persönlich ist das auch einer der Gründe, warum ich froh bin, buddhistischer Priester geworden zu sein.

Angeblich gibt es kein anderes Land, das so sehr mit dem Wandel der vier Jahreszeiten gesegnet ist. Auch in unserem Tempel mitten in Tôkyô erfreuen im Frühling die herrlichen Kirsch- und Pflaumenblüten das Auge, und wenn man im Sommer die Ohren putzt, kann man die Stimmen der Zikaden und Grillen hören. Die Freude zu genießen, den Wechsel der Jahreszeit körperlich zu erfahren, ist mir als Japaner wichtig.

Wenn man gut putzt und die Zimmer sauber hält, kann man sich den Wechsel der Jahreszeiten auch ins Haus holen. Im traditionellen japanischen Zimmer gibt es zahlreiche Dinge, die uns an die jeweilige Jahreszeit erinnern. Die Tokonoma schmückt man mit Blumen der Saison, und man hängt dort ein zur Jahreszeit passendes Rollbild auf. Auch beim Weihrauch kann man zu einer Sorte wechseln, die zur Jahreszeit passt. Im Winter sorgt man mit *shôji*-Papierfenstern für Wärme und im Sommer mit Schilffenstern und -schiebetüren (*yoshido*) für Abkühlung. Wenn man beim Ausbessern der *shôji* in jahreszeitlicher Stimmung ist, hat man mehr Spaß bei der Arbeit.

Den Kleiderwechsel im Frühjahr und im Herbst darf man nicht vergessen. Bei der Kleidung für Priester gibt es Sommer- und Wintersachen. An dem Tag, an dem man zum ersten Mal das Sommergewand überstreift, spürt man den Sommerwind durch die Seidengaze, obwohl sich die Haut noch kühl anfühlt, und an dem Tag, an dem man zum ersten Mal das Wintergewand anlegt, zeigt das dicke und schwere Gewand die Ankunft der kalten Jahreszeit an. Auch die Arbeitskleidung *samue* ist je nach Jahreszeit ungefüttert oder gefüttert.

Priester haben nicht so viele Kleider. Sie benutzen vor allem drei Sachen: eine Stola (*kesa*) für Feiern und Rituale, ein einfaches Priestergewand und die *samue* als Arbeitskleidung. Da sie nur eine begrenzte Zahl von Kleidungsstücken besitzen, müssen sie sich nicht überlegen, was sie anziehen sollen. Denn wenn man Gerätschaften und Kleidung auf das Wesentliche reduziert und sich an die richtigen Lebensregeln hält, wird man empfänglich für den Wechsel der vier Jahreszeiten.

Machen wir das Fenster weit auf! Von draußen weht frische Luft herein und damit der Duft des Windes, der sich je nach Saison ändert, die Stimmen der Insekten, die uns die Jahreszeit verkünden, und der Gesang der Vögel. Die Natur ändert sich Tag für Tag, von Sekunde zu Sekunde. In einem Gedicht heißt es: »Im Frühling blühen in tausend Wäldern überall die Blumen, im Herbst wirft der helle Mond Schatten auf alle Gewässer.« Buddhas Wirken umfasst die ganze große Natur und erreicht alle Menschen. Die Natur, die sich in Ihren Augen spiegelt, spiegelt Ihren Geist.

Großputz am Jahresende

Im Tempel braucht man eigentlich keinen Großputz zu machen, weil dort doch jeden Tag tadellos sauber gemacht wird – könnte man denken. So ist es aber nicht. Sicher machen wir den Boden und die Orte, an denen wir Wasser benutzen, jeden Tag sauber, und weil wir auch die Beleuchtung und die Fenster an hohen Stellen regelmäßig an bestimmten Tagen reinigen, gibt es eigentlich keine Stelle, an der nicht jährlich einmal geputzt wird. In dem Sinne, dass Putzen »Schmutz entfernen« bedeutet, könnte man meinen, dass ein Großputz unnötig wäre.

Aber Putzen bedeutet auch, den Geist zu reinigen. Beim Großputz entfernt man den im Verlauf eines Jahres angesammelten Staub des Geistes. So gesehen ist der Großputz im Tempel zum Jahresende sehr wichtig. Diese Aktion nannte man früher *susu-harai* (»Ruß fegen«), ein Wort, das auch heute noch in vielen Tempeln benutzt wird. In jenen Zeiten, als man noch den Herd mit Holz feuerte und zur Beleuchtung Kerzen und Öllampen verwendete, hat sich in den Räumen Ruß angesammelt.

»Ja, es ist Herbst.«

Im Honganji-Tempel in Kyôto findet Mitte Dezember in der Haupthalle das Großreinemachen statt, an dem sich nicht nur die Priester, sondern auch normale Leute beteiligen können. Wenn sich die Priester und die freiwilligen Helfer nach der frühmorgendlichen Andacht vor dem Altarraum in der Halle wartend versammelt haben, erscheint der Abt des Honganji in weiten *zôri*-Sandalen und tritt vor die große Statue des Buddha Amida. Nachdem er sich mit zusammengelegten Händen vor dem Buddha verbeugt hat, wischt er mit einem gut vier Meter langen, gigantischen Wedel den ganzen Sockel mit dem darauf thronenden Buddha ab. Vor der Statue des Gründers Shinran wiederholt er dieses Ritual.

Danach beginnen die in einer seitlichen Reihe angetretenen Helfer gemeinsam zu putzen. Wie seit alters überliefert, werden die Tatami-Matten mit einem etwa einem Meter langen Bambusstock kräftig ausgeklopft. Anschließend wird der aufgewirbelte »Ruß« mit einem großen Rundfächer von hinten her weggewedelt und zuletzt mit dem Besen zusammengefegt.

»Auf geht's, an die Arbeit!«

Hier handelt es sich eher um ein Ritual als um Saubermachen, aber gerade darin liegt für alle Teilnehmer der Sinn des gemeinsamen Großreinemachens. Man putzt gemeinsam, während alle sich darüber freuen, dass sie auch dieses Jahr zusammen mit der ganzen Familie glücklich und gesund hinter sich gebracht haben. Etwas Erfreulicheres kann es nicht geben.

Die Verbundenheit innerhalb der Familie ist das Fundament unseres Herzens. Deshalb möchte ich Ihnen das gemeinsame Großreinemachen als wichtiges jährliches Familienritual empfehlen. Die Grundregel beim Großputz am Jahresende sollte sein, die Stellen zu reinigen, die man gewöhnlich beim Putzen kaum erreicht. Dabei kann man die Rollen tauschen und bestimmte Bereiche jeweils von denjenigen, die sonst damit nichts zu tun haben, putzen lassen. Das Gefühl der Dankbarkeit unter den Familienmitgliedern wird sich so vertiefen.

NACHWORT

Vielleicht geht es auf den Einfluss des Anime-Films *Ikkyû-san*[21] zurück, aber das Image des mit dem Bambusbesen fegenden Mönchs ist stark und auch irgendwie zutreffend. Da ich durch meine Tätigkeit mit Mönchen und Priestern verschiedener buddhistischer Schulen zusammentreffe, weiß ich, dass viele von ihnen großen Wert auf das Putzen und auf praktische Arbeiten legen.

Da es in den Tempeln in der Stadt viel Publikumsverkehr gibt, ist die Sauberkeit dort vielleicht nicht perfekt, aber man kümmert sich doch sehr um das Putzen sowie um Ordnung und Sauberkeit. In einem gewöhnlichen Lebensumfeld ist es allerdings ziemlich schwierig, Sauberkeit und Ordnung so gut wie im Tempel zu bewahren.

Tatsächlich ist mir in meinem bisherigen Leben das schlichteste und schönste Lebensumfeld nicht in Japan begegnet, sondern in Indien. Indien – das ist das Land des

Buddha Shakyamuni und das Ursprungsland des Buddhismus. Gewöhnlich ehrt man in den Tempeln in Japan Tag für Tag das Andenken Buddhas, aber wenn man nach Indien geht, kommt man in ein Land mit einer besonderen Atmosphäre, und man hat auf einmal ein Gefühl, als wäre der Buddha ganz in der Nähe. Ich liebe Indien sehr und habe dort ein Jahr als Student verbracht.

Während meines Studiums habe ich in den wenigen Ferien zusammen mit meiner aus Japan angereisten Familie verschiedene Orte in Indien besucht. Im nordindischen Jaipur sind wir auf einem Elefanten auf einen Berg geritten, und im südindischen Bundesstaat Kerala haben wir auf einem zum Hotel umgebauten Fischerboot auf dem Wasser übernachtet und nachts den grandiosen Sternenhimmel bewundert. So habe ich dieses großartige Land voll und ganz genossen, aber am meisten hat mich ein Besuch in einem Dorf beeindruckt. An diesen Ort ohne elektrischen Strom sind wir im Rahmen eines Projekts unserer Hochschule zusammen mit Freunden gereist, um den Menschen Solarlaternen zu bringen.

In Indien schreitet die Verstädterung in jüngster Zeit zwar auch in rasantem Tempo voran, aber es gibt immer noch viele ländliche Gegenden, in denen man wie in früheren Zeiten lebt. In abgelegenen Bergdörfern werden lokale Dialekte gesprochen, und ohne Auto und Elektrizität folgt das Leben den indischen dörflichen Traditionen.

Dort fehlt es also an Licht, mit dem die Kinder abends lernen können oder mit dem man eine plötzlich erkrankte Person in die nächste Stadt transportieren kann. Als Maßnahme zur Unterstützung des ländlichen Lebens, ohne die lokalen Traditionen zu zerstören, haben vor allem NPOs ein Projekt gestartet, bei dem Solarlaternen in ländlichen Regionen verteilt werden sollen.

Das Dorf ohne Strom, das wir besuchten, liegt irgendwo in Südindien weit hinten in den Bergen. Nach einer Fahrt mit Zug und Bus ging es vier Stunden zu Fuß auf einem Bergpfad weiter. Als wir endlich in dem Dorf ankamen, war die Sonne schon untergegangen und die ganze Gegend in tiefe Dunkelheit gehüllt. Es handelte sich um eine Siedlung mit zehn kleinen Häusern, die für japanische Begriffe so groß wie ein Schuppen waren. Da es kein Licht gab, saßen lediglich noch ein paar Männer um ein schwach brennendes Holzfeuer, während alle übrigen Dorfbewohner in ihren Häusern schliefen.

Nachdem wir den Zweck unseres Kommens erklärt und die Laternen übergeben hatten, führte ein erfreuter Dorfbewohner uns zu sich nach Hause. Im Lichtschein einer Laterne öffnete sich vor uns ein etwa 15 Quadratmeter großer Raum, der wie eine Felshöhle aussah. Auf dem Fußboden schlief eine fünf- bis sechsköpfige Familie. Mein erster Gedanke war, wie schlimm es sein müsste, mit einer so großen Familie in einem einzigen Raum zu leben, doch dieser Gedanke verflog, als meine Augen sich an die Dunkelheit gewöhnten und der ganze Raum allmählich vor mir auftauchte.

»So einen schlichten und schönen Raum habe ich bis jetzt noch nie gesehen!«, dachte ich. In diesem Raum gab es erstaunlich wenige Dinge, und aus seiner Schlichtheit sprachen Sauberkeit und Ordnung. Dazu war er gut geputzt und schön. Als ich in diesem Moment sah, dass der Mensch mit der entsprechenden Einstellung so einfach und bescheiden leben konnte, fiel es mir wie Schuppen von den Augen. Auch ohne viele Dinge und ohne Elektrizität gab es in diesem Dorf mit Sicherheit ein »reiches Leben«.

Da fragt man sich schon, wie es in Japan um unser Leben bestellt ist. Alle möglichen Dinge sind im Überfluss vorhanden, und die Zahl praktischer Elektrogeräte nimmt ständig zu. Bis jetzt haben wir uns eines materiell »reichen Lebens« erfreut, aber ist das wirklich ein reiches Leben im wahren Sinn des Wortes? Besonders in der Gegenwart, in der wir die Erfahrung radioaktiver Verseuchung gemacht haben, gibt es nicht wenige Menschen, die solche Zweifel bestätigt sehen.

In der freien Welt sind Waren und Nahrungsmittel in der Stadt im Überfluss vorhanden. Alles kann man kaufen. Seine Lieblingsspeisen kann man essen. Man kann alles machen, wozu man Lust hat. Es sieht so aus, als würden wir alle ein freies Leben genießen.

Doch warum ist dann das einfache Leben oder eine natürliche Lebensweise so attraktiv? Liegt das vielleicht daran, dass wir in unserem gegenwärtigen Leben irgendwo im Herzen spüren, dass wir keine »wahre Freiheit« haben? Viele Menschen denken, dass Freiheit darin besteht, den eigenen Vorstellungen und Vorlieben zu folgen. Wenn sie denken: »Dies will ich machen, jenes will ich machen« und das dann tatsächlich tun können, bilden sie sich ein, dass das Freiheit ist. In Wirklichkeit ist das keine wahre Freiheit. Denn zu dem Zeitpunkt, zu dem sie denken: »Dies will ich machen, jenes will ich machen«, wird ihr Herz von ihren Wünschen gefesselt.

Freiheit hat nichts damit zu tun, seinen eigenen Vorstellungen und Vorlieben zu folgen. Wahrhaft frei ist, wer ohne Verhaftung Tag für Tag heiter und mit einem von Freude erfüllten Herzen lebt. Ein freies Leben entwickelt sich aus der Summe unserer einzelnen Taten. So zum Beispiel durch eifriges Putzen. Die Zeit, die wir damit verbringen, alles bis in den letzten Winkel sorgfältig sauber zu machen, ist eine ganz erfüllte Zeit. Und die Zeit, die wir in einem sorgfältig geputzten Raum verbringen, ist friedlich und heiter.

Der für die Herausgabe dieses Buchs zuständigen Lektorin, Frau Rieko Ishizuka vom Verlag Discover Twenty-One, möchte ich herzlich dafür danken, dass sie mir beim Schreiben des Manuskripts Gelegenheit gegeben hat, in meinem Kopf sauber zu machen. Allen, die mir bei der Arbeit an diesem Buch mit Rat und Tat zur Seite standen, gilt mein wärmster Dank: vor allem dem Priester der Sôtô-Zen-Schule Shôhô Yoshimura, der auch als Tempelkoch und klinischer Psychologe aktiv ist, und dem Zen-Mönch Seigaku sowie allen am Higanji-Projekt beteiligten Mönchen und Priestern von verschiedenen buddhistischen Schulen. Auch allen Freunden vom Kômyôji, auf deren Unterstützung ich immer zählen konnte, sei an dieser Stelle gedankt.

Putzen sollten wir mit dem Gefühl, unser Herz zu reinigen. Aber genauso wie beim Putzen gilt für unser Herz, dass es gleich wieder vom Staub der weltlichen Begierden verdunkelt wird, selbst wenn wir es immer wieder reinigen. So viel wir es auch reinigen, wir kommen damit nicht ans Ende, und genau darum geht es bei der buddhistischen Praxis.

Die Last unserer Sünden wird so, wie sie ist,
zur Gnade Amidas.
Das ist genauso wie bei Eis und Wasser;
Wenn es schmilzt, wird aus viel Eis viel Wasser;
Wenn unsere Sündenlast groß ist, ist auch Amidas
Gnade groß.

Mit diesen Versen will Shinran uns sagen, dass unsere weltlichen Begierden, gerade weil sie groß sind, eine umso größere Gnade Amidas herbeirufen. Wenn uns die nicht enden wollende »Arbeit an der Reinigung des Herzens« zu viel werden sollte, lassen wir einfach die Hände ruhen und rezitieren die Formel: *Namu Amida Butsu* (»Verehrung dem Buddha Amida«). Und denken Sie daran, dass der Buddha Amida stets tröstend an Ihrer Seite steht.

Es wäre mir eine große Freude, mit diesem Buch etwas dazu beizutragen, dass die Leser die Arbeit des Putzens in heiterer, fröhlicher und gesunder Verfassung fortführen können.

Shoukei Matsumoto

ANMERKUNGEN

1 Jôdo-shinshû (浄土・真宗), die »Wahre Schule des Reinen Landes«, ist eine bedeutende buddhistische Schule des Mittelalters und heute die zweitgrößte Konfession des japanischen Buddhismus. Sie gehört zum sogenannten Amida-Buddhismus bzw. Amidismus. Im Zentrum dieser Lehre und der Verehrung stehen der transzendente Buddha Amitâbha (jap. 阿弥陀 Amida) und die Hoffnung auf Wiedergeburt in seinem Westlichen Paradies, dem »Reinen Land« (*jô-do*). Der größte »Zweig« der Jôdoshinshû ist der Honganji-Zweig (本願寺・派, Honganji-ha), so benannt nach seinen beiden Haupttempeln Higashi- und Nishi-Honganji in Kyôto.

2 In der Jôdoshinshû und den anderen Schulen des Amida-Buddhismus gibt es keine »Mönche« (und »Klöster«) im europäisch-christlichen Sinne. Im sogenannten Laien-

buddhismus besteht »vor dem Buddha« auch kein grundsätzlicher Unterschied zwischen Priestern und Gläubigen. »Priester« ist hier einfach die Bezeichnung für einen Beruf, der die Absolvierung eines Studiums, eines Examens und eines »Noviziats« voraussetzt. Dagegen spielen Priester, Mönche und Klöster in den Schulen des esoterischen Buddhismus und des Zen in Japan eine ähnliche Rolle wie in der katholischen oder orthodoxen Kirche.

3 *kinpira*: in feine Streifen geschnittenes und in Öl und Sojasoße gebratenes Wurzelgemüse (meist Schwarzwurzel).

4 Dôgen Kigen (1200–1253), der bedeutendste Zen-Meister Japans und Begründer der Sôtô-Schule.

5 Das gilt nicht nur wie an dieser Stelle für das Baden im Tempel, sondern in Japan generell.

6 Hier spielt der Autor mit dem Wort *kabi*, das je nach Schreibung 黴 »Schimmel« oder 華美 »Luxus, Verschwendung« heißen kann.

7 In Japan gehört Reis zu jeder Mahlzeit. Im Allgemeinen gehören zum »Buddhareis« ein kleines Schälchen Reis, etwas grüner Tee und Wasser.

8 Amida (Sanskrit: Amitābha), der Buddha des »Unermesslichen Lichtglanzes«, der Erbarmen und Weisheit symbolisiert und in den Jôdo/Amida-Schulen (*jôdo* – »Reines Land«, das Westliche Paradies des Amida) des japanischen Buddhismus im Zentrum der Verehrung steht.

9 Shinran (1173–1262), der Begründer der Jôdoshinshû-Schule, einer der größten japanischen Heiligen und Erneuerer des Buddhismus. Die obige Hymne stammt aus seinem Werk *Kôsô-wasan* von 1248, einer Sammlung von Hymnen (*wasan*) in japanischer Sprache auf die (sieben) Patriarchen (*kôsô*) der Jôdoshinshû.

10 Das gilt in Japan generell.

11 *geta-bako* – Kasten für *geta*, traditionelle Holzsandalen mit zwei niedrigen Stelzen.

12 In Japan ist in der Familie folgendes Verabschiedungs- und Begrüßungsritual üblich:
Die ausgehende Person sagt: »*Itte kimasu*« – »Ich gehe und komme [wieder]«, worauf die zurückbleibende erwidert: »*Itte irasshai*« – »Geh und komm [wieder]«!
Bei der Rückkehr meldet sich die heimkehrende Person mit: »*Tadaima*« – »Gerade jetzt [bin ich angekommen]«, worauf die daheimgebliebene sie mit den Worten: »*Okaeri nasai*« – »Komm heim!« willkommen heißt.

13 *tanden* (chin. *dantian* – »Zinnoberfeld«), nach östlicher Auffassung das psycho-physische Lebenszentrum im Unterbauch, etwa eine Handbreit unterhalb des Nabels; im Japanischen auch als *hara* (»Bauch«) bezeichnet.

14 jap. *sangô*, Sanskrit: *trividha-dvâra* -das »dreifache Tor«: Körper, Mund, Geist.

15 In Japan betritt man die Toilette in besonderen Toilettensandalen.

16 *gasshô*: die traditionelle Gebetshaltung mit vor der Brust zusammengelegten Handflächen und leichter Verbeugung.

17 *nembutsu*: die Anrufung des Buddha Amida mit der Formel: *Namu Amida Butsu* (»Verehrung dem Buddha Amida«); die zentrale Praxis aller buddhistischen Schulen des Amida-Glaubens.

18 »Itadakimasu«, sagt der kniende Mönch. In Japan ist das das Äquivalent zu »Guten Appetit« und bedeutet (wörtlich): »Ich empfange [das Essen dankbar].«

19 Ippen-shônin (1234–1289?), ein großer Heiliger und Begründer der Ji-Schule des Amida-Buddhismus.

20 Der Autor zitiert und umschreibt an dieser Stelle die klassische buddhistische Maxime:
無一物中無尽蔵 *mu ichi butsu chû mu jin zô*
In möglichst wortgetreuer Übertragung: »Dort, wo kein einziges Ding mehr ist, ist das unerschöpfliche Schatzhaus.«

21 *Ikkyû-san* (»Ikkyû, the Little Monk«) ist eine Anime-Serie, die von 1975 bis 1982 in 296 Folgen im japanischen Privatfernsehen lief. Held der Geschichte ist der kleine Mönch Ikkyû nach dem Vorbild des großen Zen-Meisters und Dichters Ikkyû Sôjun (1394–1481).

ÜBER DEN AUTOR

Shoukei Matsumoto wurde 1979 in Hokkaidô im Norden Japans geboren und hat ein Studium der Philosophie an der Universität Tôkyô absolviert. Er ist buddhistischer Priester des Honganji-Zweigs der Jôdoshinshû-Schule am Kômyôji-Tempel in Tôkyô, wo zurzeit auch die Basis seines Wirkens liegt.

Shoukei Matsumoto wurde für das United States-Japan Leadership Programm der United States-Japan Foundation ausgewählt. Im Jahr 2010 erwarb er den Grad eines »Master of Business Administration« an der Indian Business School im südindischen Hyderabad. Er ist Mitglied am buddhistischen Forschungsinstitut des internetbasierten Tempels Rentei und hat die buddhistisch-überkonfessionelle Website Higanji (www.higan.net) eingerichtet. In seinem Tempel veranstaltet er die Tempelkonzerte »Tasogare« und betreibt das Tempelcafé »Kamiyachô Open Terrace«. Die Aktivitäten dieses führenden Vertreters des japanischen Buddhismus finden auch in den Medien Beachtung. Shoukei Matsumoto hat mehrere Bücher und zahlreiche Beiträge in Zeitschriften und Webmagazinen publiziert. Auf Deutsch sind bisher erschienen: *Die Kunst des achtsamen Putzens*, *Ein ruhiger Geist* sowie *Die Kunst des achtsamen Miteinanders* (erhältlich ab August 2025).

Website des Kômyôji:
https://www.komyo.net